悦读时光

萨沙 编著

民国往事

北京联合出版公司
Beijing United Publishing Co.,Ltd.

图书在版编目(CIP)数据

民国往事/萨沙编著.—北京：北京联合出版公司，2015.5
（悦读时光）(2023.3重印）
ISBN 978-7-5502-5055-0
Ⅰ.①民… Ⅱ.①萨… Ⅲ.①中国历史－民国－通俗读物
Ⅳ.①K260.9

中国版本图书馆CIP数据核字（2015）第075941号

悦读时光

民国往事

选题策划：日知图书
责任编辑：徐秀琴
文图编辑：薛金博
美术编辑：周邦雄
封面设计：夏　鹏
版式设计：阮剑锋
图片提供：CFP　Fotoe
华盖创意图像技术有限公司

北京联合出版公司出版
（北京市西城区德外大街83号楼9层 100088）
河北鑫融翔印刷有限公司印刷　新华书店经销
字数160千字　787毫米×1092毫米　1/32　8印张
2015年5月第1版　2023年3月第6次印刷
ISBN 978-7-5502-5055-0
定价：18.00元

前言

对于民国那段历史来说，或许只有狄更斯在《双城记》中所说的那段话最为贴切：“这是睿智的时代，这也是蒙昧的时代；这是笃信的时代，这也是怀疑的时代；这是希望的春天，这也是绝望的冬天……”在这个风范十足的时代，文人与大师们挥动衣袖，铸就了华夏文明的又一段风流：北大的读书声，灯火通明的长安大戏楼，默片的兴盛，国学书画的繁衍不休成就了民国文化百家争鸣的主格调；同样是在这个动乱迷失的年代，当国武夫的野心萌动，说不尽乱世小民的离乱与哀愁：荒诞的洪宪皇帝，可笑的张勋复辟，直皖的利益纷争，再到直奉的硝烟战火，成就了民国政治血腥与残酷、背叛与谎言交织的主色调。军阀的刺刀，文人的风骨，女星的光芒，江湖的血色，交织成了一段光明与黑暗纠缠的岁月……

文字是划分和分析过去的工具。无论怎样精心推敲，近代中国历史的特点都不可能用寥寥十数万字，几十个人物、事件来描述。因此在《民国往事》一书中，我们力求用白描的方式展现民国历史的真实，通过当国武夫、名士与名媛、江湖与特工、民国奇案几个章节来再现民国历史的部分横断面。我们希望书中珍贵清晰的人物照片可以让读者感受到大师的过人风采、枭雄的真实面孔；书中弥足珍贵的老照片可以让读者感受到旧上海的畸形繁荣和劳苦大众的辛酸生活。我们希望把厚重的史实变得简明，让历史中的智慧帮助读者今天的生活。正如费正清等人在《剑桥中国史》系列中所说的“最伟大的民族，不是自傲，而是善于反省；最具创造性的过渡，不在于千百万年的积累，而在于真与新的发现”，历史原本就是先贤们遗落的钥匙，可以带领我们开启一道道现实的困惑之门。

第一章

当国武夫

“东北王”张作霖

从草莽到枭雄

他以20余人的“保险队”起家，后接受清廷招安，从营长到团长再到师长，巅峰时期麾下将士人数超过40万；他出身贫寒，十四五岁即亡命江湖，挣扎半生，天命之年几乎统治大半个中国；他能为一己野心发动惨烈的内战，屠杀革命志士，也能大兴教育、修建铁路；他和日本侵略者互相利用，最终命丧皇姑屯……这位经历传奇、一生功过难以评说的人物不是别人，正是民国时期奉系军阀的掌舵人，有“东北王”之称的张作霖。

杀人离家

张作霖，字雨亭，1875年3月19日出生在奉天海城县（今辽宁大洼县）。张作霖的父亲名叫张有财，是当地一个小商人，张作霖是家中的第三个孩子。张作霖出生的时候家里还不算很穷，张有财经营一个小杂货铺，收入比普通农民要高一些。可惜张有财染上了赌博的恶习，杂货铺很快就倒闭了。由于家庭穷困，张作霖在亲戚的资助下勉强上了几个月的私塾，最终还是辍学回家。不久，张有财在赌场遭遇仇家报复，不幸丧命。得知父亲被害后，年仅十四五岁的张作霖和二哥张作孚发誓为父报仇。他们拿着一杆借来的土枪翻墙进入仇人王姓人家，没想到正好被王家一个女佣人发现。这个佣人以为来了土匪，立即大喊大叫，慌乱中土枪走火，女佣人被当场打死。张作霖眼见报仇不成，只得和二哥翻墙逃走。事后，王家报告了官府，县官很快就查明了案件是张氏兄弟所为，并派出差役前往张家拿人。机灵的张作霖抢先逃走，张作孚慢了一步被当场抓住。为了将儿子救出，张母只得砸锅卖铁地凑钱，再上下打点。最终，官府判定开枪杀人的是张作霖，对其进行悬赏通缉，而张作孚仅为从犯，被判处十年徒刑。

张作霖杀了人，又被官府通缉，在老家就待不住了，只得跑到了镇安县（今辽宁黑山县）母亲王氏的娘家躲

1927年6月17日，北洋军阀各部联合推举张作霖为海陆军大元帅，组建安国军政府。当月18日，张作霖在北京怀仁堂宣布就职，这可以算是张作霖军阀生涯的“巅峰时刻”。

避。随后，王氏也带着张家另外两个孩子赶来了。由于王氏的娘家也不宽裕，现在一下多了四张嘴，几乎揭不开锅了。眼见全家都快活不下去，张作霖一咬牙离开了家人，只身去江湖上闯荡。当时中国正处于大混乱的时期，清政府腐败无能，百姓流离失所，张作霖以做小生意为生，在街上卖包子、烧饼，他还学过木匠手艺，打过零工。不久，张作霖因为欠下赌债不得不四处流浪，最终流落到了高坎镇（今辽宁营口大石桥市高坎镇高坎村）一带才找到了工作，也就是在路边的大车店给人打杂，在当时这也是一份低三下四的工作。

当时关外的大车店里住的都是来往的客商，东北地域辽阔，一个县城到另一个县城往往都有数百千米，所以一般客商全部骑马或者赶大车。这样一来，大车店除了照顾客人以外，还要找人专门照顾客人的牲口。当时店里照顾牲口的工作由一个伙计负责，算是一个半吊子兽医，张作霖刻意地与其交好，学到了不少治疗牲口的本事。不久，张作霖凭借自己的兽医知识开了一家牲口店，治好了不少马匹、牛羊，成为当地小有名气的兽医。当时东北地区土匪横行，而土匪大多以马匹为交通工具，他们的战马生了病也要治疗；如果马死了，就无法和追捕的官兵周旋，所以土匪对兽医相当敬重，甚至将不得抢劫兽医列为自己的“行规”。张作霖的牲口店中也经常有土匪出没，他也乐于和土匪结交。由此，张作霖了解了不少“黑道”上的掌故，也对土匪这个行当有了一定的认识。

为兵为匪

张作霖有手艺在身，生意也做得不错，很快就进入了当地官府的视线，张老板成了官府的肥羊，敲诈勒索是常有的事情。一来二去之下，本小利薄、生意艰难的牲口店倒闭了，张作霖再次沦为无业游民。就在这时候，中日甲午战争爆发了。屡战屡败的清政府为了拱卫东北这个“龙兴之地”，开始在关外大量招兵，走投无路的张作霖只得加入清军混口饭吃。他投入老将宋庆的毅军之中，当了一名普通的骑兵。由于张作霖作战勇敢，很快被提升为班长，之后又升为排长。然而随着清军在旅顺的全线崩溃，招募来的新兵们一哄而散，张作霖也带着几个月的军饷逃回了老家。回到老家后，张作霖娶了赵家庙地主赵占元的二女儿赵春桂，过上了自己的小日子。然而没等他这个新郎官过完蜜月，和张家有旧仇的王家就以抓逃兵为由报告了官府，张作霖再次遭到通缉。无奈之下，张作霖只好携家带口再次逃亡，这次他逃到了岳父赵占元家所在的赵家庙。当时东北地区刚刚经过战火荼毒，散兵游勇、土匪胡子四处横行，老百姓为了自保纷纷成立了民团，赵家庙也成立了一支二十多人的民团。由于缺乏军事人员，所以这个民团一直缺少一个头领，张作霖的到来让这个小民团找到了主心骨，在正规军当过排长的张作霖很快成了民团的头目。

张作霖虽然性格暴烈，却颇有军事才能，在他的精心训导下，民团多次打败了前来骚扰的小股土匪，很快成为当地声名赫赫的队伍。周边的村庄看到赵家庙的民团如此厉害，纷纷派人加入，张作霖的部下很快扩充到了一百多人。这时，张作霖又惹下了大麻烦，他率领部下清剿土匪时，和当地有名的金寿山匪帮发生了激战，打死了对方数名骨干。这个金寿山是当地一个悍匪的老部下，这股悍匪为了帮其出头，出动几百土匪偷袭了张作霖的民团。

由于众寡悬殊，赵家庙民团遭到了惨败，张作霖携带妻儿率众突围。在逃亡途中，身怀六甲的夫人赵氏在马车上生下了一个男孩，他就是后来的少帅张学良。突出包围后，张作霖决定前往台安县，想投靠当地的土匪首领冯德麟，然后再带兵回赵家庙报仇。可没想到路过集镇八角台时，当地的土匪头子张景惠仰慕张作霖的为人，把自己的全部人马都交给张作霖统领，这样张作霖意外地在八角台站住脚，开始了自己的土匪生涯。

趁势而起

1902年，义和团运动刚刚失败，清政府在东北地区的统治几乎名存实亡，各种地方武装力量纷纷趁势而起，割据一方，张作霖的队伍也不例外。这时张作霖在八角台已经驻扎了两年之久，手下有五百多人，算是一方势力。这时张作霖将自己的队伍称为“保险队”，而不是土匪，所谓“保险”就是对周边的村庄提供保护，而村庄定期支付费用，类似于后世的雇佣军。在此期间，张作霖几次遇险，和各种土匪发生过多次争斗。当时有个名叫海沙子的

身穿便装的张作霖（中央）和汤玉麟（右二）等奉系将领合影

汤玉麟，字阁臣，又名汤二虎，奉系武装的重要将领，也是张作霖起家时的老班底。张作霖出任第二十七师师长时，汤玉麟就是其麾下的骑兵团团长，是奉系中老派势力的代表人物。

土匪势力很大，还有辽西巨匪杜立三做靠山，打算吞并张作霖的队伍。张作霖知道自己实力不如对方，真刀真枪地较量占不到便宜，于是就用“江湖规矩”将了海沙子一军，提出双方单对单地决斗，赢的人统领双方的队伍。骄横的海沙子为了自己的面子，也答应了张作霖的请求。决斗时，两人同时开枪，结果张作霖手臂中弹，海沙子则被打中头部，当场毙命。这样海沙子的部下都归了张作霖，海沙子的二架杆（副手），后来的热河省主席汤玉麟也加入张作霖的麾下，张作霖的队伍更加壮大。

兼并海沙子以后，张作霖的名声逐渐响亮起来，成了辽西四大土匪中响当当的“北霸天”（张作霖队伍的旗号），东北的土匪们都知道有“张小个子”（张作霖的绰号）这样一号人物。力量壮大后，张作霖不愿再过土匪或保险队的生活，他一心想要“漂白”，成为名正言顺的正规军。他经常对手下说：“枪杆子不认官与民，土匪做大了，就是皇帝。”

眼看着东北地区鱼龙混杂，土匪横行，无力剿匪的清政府心急如焚，当时的盛京将军增祺就出了一招“妙棋”——收编土匪来打击土匪。很快，清政府开始在东北地区实行“招安”政策，这正好给了张作霖一个机会。1902年，张作霖率领数百手下，在八角台地方士绅的具保推荐下，由新民知府呈请盛京将军批准收编，任巡防马步游击队管带（营长），开始了他正规军的生涯。早年混迹江湖的经历和短暂的毅军从军经验让张作霖在官场上如鱼得水，他对上司一律巴结讨好，暗中贿赂大量财物（都是剿匪时抄来的），曾一次性送给奉天巡警总办张锡銮两万两白银。而对于手中的武力，他死死抓住，不但四处扩充兵力，还进行严格的军事训练，试图建立起一支忠于他本人的军事武装。

尽管张作霖此时已是官身，但他暴烈的脾气却始终没有改变。当时张作霖的队伍驻扎在新民府，和同样驻扎该地的日本兵发生了冲突，张作霖的两名部下被日本兵打死。张作霖闻讯后勃然大怒，立即找到日军军官要求杀人偿命。日本军官却说日本兵们是“正当防卫”，只愿意赔偿1000两白银了事。张作霖当时没有作声，默默地拿着1000两银子回去。回到府邸以后，他就召集手下说："你们马上上街去，给我打死三个日本兵。"于是他的部下冲上街头，打死了三个日本兵。很快，之前那个日本军官怒气冲冲地找到张作霖，逼迫其严惩凶手。

张作霖冷冷地回答说："根据你们日本人的习惯，500两银子一条命，我这边有1500两银子，你拿走吧。"日本军官哑口无言，一时又奈何不了土匪出身的张作霖，只得拿着银子灰溜溜地走了。事后，日本人向清政府提出抗议，张作霖的队伍只好离开新民府，前往其他地区驻扎。

剿匪立功

1904年到1905年，日本与俄国为了争夺殖民地利益，在中国东北地区发动了大规模战争，也就是历史上的日俄战争。突如其来的战争让东北顿时大乱，张作霖却从中看到了机会，他最初暗中帮助俄国，从中获取利益，一度被日军俘虏，险些丧命。后来他又见风使舵，为日本人探查俄军情报，从日俄双方都捞取了大量的好处。到1905年日俄战争结束时，张作霖的部队已经扩充为马步五营，他本人也被任命为五营统带（相当于团长）。

1905年年底，眼见"外国主子"在自己门口的争斗终于结束了。胆战心惊的清政府这才再次下令清剿肆虐东北的土匪武装，张作霖因为是土匪出身，对土匪武装的习惯和活动范围非常了解，因此被委以重任。立功心切的张作霖也没有让他的上司失望，他首先击溃了辽西巨匪田玉本，将其手下一千多人全部收编己用，随后又设计擒获了东北最大的土匪杜立三。杜立三贪财好色，凶残暴虐，一手垄断了辽河的水上运输，稍有不和就杀人满门，以至于老百姓对他恨之入骨，赌咒发誓时都说：如果违背誓言，出门就遇上杜立三云云。面对这样一个积年惯匪，张作霖没有正面进攻，而是甜言蜜语地劝说其接受招安，谋一个正经的出身。可等到杜立三得意扬扬地前往张作霖的住所接受招安时，却被埋伏在那里的汤玉麟等人一举擒获，当场处死。随后，张作霖的部下张景惠等人趁机猛攻杜立三的巢穴，一

张作霖的老部下张景惠

张景惠，字叙五，辽宁人，张作霖的结拜兄弟，也是奉系的核心人物之一，历任第二十七师的旅长、奉军副总司令、安国军政府陆军总长等职务。“九一八事变”后，张景惠卖身投靠日本人，担任了伪满洲国的总理大臣。1957年1月，病逝于辽宁抚顺战犯管理所。

举将群龙无首的杜立三所部击溃。这样一来，沙俄和日本人花费数年都无法解决的杜立三匪帮，被张作霖轻轻松松地消灭了。

肃清了辽西的土匪以后，东三省总督徐世昌又将张作霖调往郑家屯（今辽宁双辽市），对付辽宁西北部被沙俄收买的蒙古叛匪。这些叛匪人数将近三千，凶残异常，他们在漠北草原上肆意抢劫来往商贩和旅客，不论对方反抗与否，得手后将男女老少赶尽杀绝，不留活口。可由于他们人人配有双马，来去如风，极难捕捉，之前围剿他们的清军屡战屡败，反而被土匪追着进攻。张作霖负责剿匪事务后，放弃以往被动堵截的战术，组成了一支支精干的骑兵部队，只要发现匪徒的踪迹，立即不分日夜地多路追击，直到将其歼灭为止。经过一年多的艰苦战斗，叛匪终于支撑不住，要么被俘后斩首示众，要么在追捕中葬身草原，只有少数匪徒逃往了外蒙地区。因为剿匪有功，张作霖一路高升，被任命为奉天巡防营前路统领（旅长）。

一方军阀

1911年武昌起义爆发，东北革命党人张溶和蓝天蔚等新军将领进行响应。东三省总督赵尔巽为了压制新军，采纳部下建议，紧急调动巡防营等旧军入卫奉天。张作霖闻讯后，急忙率领部队日夜兼程赶赴奉天，为赵尔巽助威。赵尔巽对张作霖感激涕零，不但为张部补充军火、人员，还任命张作霖为军政部副部长、巡防营务处总办。作为回报，张作霖设计诱杀了张溶，将其家产洗劫一空，然后又挤走了新军将领蓝天蔚，帮助保皇派暂时稳定了东北的残局。1912年，北洋军阀首脑袁世凯就任“中华民国”临时大总统，张作霖立即投靠了袁世凯。同年九月，张作霖被任命为陆军第二十七师师长，成为东北地区一支举足轻重的军阀武装。1916年，称帝失败的袁世凯众叛亲离，张作霖趁机将袁世凯任命的奉天督军段芝贵逐出奉天。当年六月，黎元洪与段祺瑞控制的北京政府正式任命张作霖为奉天督军兼省长，地方军政大权正式落入张作霖手中。

成为一方诸侯之后，张作霖并没有像一般军阀那样迅速腐败，他反而开始励精图治，积极进行地方建设。军事上，他任命留日军官杨宇霆为参谋长，积极进行军队的正规化改编，迅速将部队扩充到数万人；民政上，他任命政绩卓越的王永江为财政厅厅长，进行全面的财政改革；经济上，他集资2000万元，在东北地区开办了大批的工厂、矿厂；交通上，他成立了东三省交通委员会，统一建设和管理东北铁路；教育上，他从财政经费中拨出款项，修建东北地区的初等学校和高等学校……客观地说，虽然张作霖本质上还是一个军阀，但他的所作所为在一定程度上也促进了东北地区的发展。从1903年到1930年的28年中，中国其他地区对外贸易额仅增长3倍多，而东北则增加30倍；从1921年到1931年，东北地区自建了10条铁路，营运里程共计一千五百多千米，占全中国铁路总长度的10%以上，这对于很多军阀来说是不可想象的事情。1919年

7月，张作霖以武力夺取了吉林、黑龙江的控制权，将整个东北三省纳入其势力范围，奉系军阀也从此成为和直、皖两系鼎足而立的军阀势力。

奉系核心人物杨宇霆（左）和张学良的合影

杨宇霆，字邻葛，日本陆军士官学校步兵科毕业，奉系军阀的核心人物之一。杨宇霆深得张作霖的信任，历任奉军参谋长、安国军参谋总长等职务。

权力争夺

有了东三省作为基地，张作霖的野心并没有满足，他反而将目光又投向了关内。1920年，直系和皖系军阀之间爆发战争，张作霖出于自身利益考虑，选择和直系联手，共同对付皖系。最终，势单力孤的皖系大败，其控制下的热河、绥远、察哈尔等地成了张作霖的战利品。可没等硝烟散尽，张作霖的奉系势力又和曹锟、吴佩孚主导的直系势力因为地盘划分产生了矛盾。1922年，直奉之间爆发大战，由于张作霖的奉军大多为绿林武装改编而成，装备虽然精良，但训练、指挥和单兵素质均不如直系，被直军打得大败而逃，狼狈地退回关外。为了和直系控制的中央政府对抗，张作霖一面宣布东北三省自治，自任保安总司令；一面对奉军进行全面改编，强化军事训练，扩建了奉军的军校——东北讲武堂，还花重金买进意大利的飞机、法国的坦克和日本的重炮，建立了陆、海、空三军，奉军从一支绿林习气颇重的乌合之众变成了同时期国内装备最好的正规部队。1924年9月，第二次直奉战争打响，这次张作霖完全吸取了上次的教训，改为军事进攻和政治伐交相结合的策略，他联合了广州的护法军政府和下野的皖系首脑段祺瑞，结成了反直同盟，又秘密策划了直系将领冯玉祥临阵倒戈，再加上几十万经过强化训练的奉军武装正面强攻，终于大败吴佩孚，奉系的势力一度扩张到山东、江苏、安徽等省份，成为北洋军阀中最强大的力量。

就在张作霖志得意满之时，一场巨大的危机向他袭来。1925年11月24日，奉军"五虎将"之一的郭松龄在滦州通电谴责张作霖穷兵黩武，宣布拥戴张学良为东北之主，誓师反奉。郭松龄是奉军中少壮派的代表人物，和张作霖赖以起家的张景惠、汤玉麟等老派人物不和，又看不惯杨宇霆等人挑唆张作霖打内战、抢地盘，因此在奉系中屡遭排挤，逐渐产生了打倒张作霖的想法。由于郭部是奉军中的精锐，所以其起兵后势如破竹，轻松占领山海关、锦州等地，主力直逼沈阳。当时张作霖在沈阳一线的兵力只有六七万人，与郭部大致相当，但士气低落至极，张作霖本人甚至已经开始收拾金银细软，准备逃往大连。这时日本关东军趁机提出扩大在东北地区的侵略权益，作为交换，日本将出兵干涉，武力解决郭松龄。12月23日，郭部和张学良率领的奉军在巨流河展开决战，结果粮弹两缺的郭部先胜后败。两天后，郭松龄夫妇被俘后就义。

玩火自焚

郭松龄的反奉举动大大削弱了奉系的实力，张作霖武力统一中国的野心逐渐变为拥兵自保的偏安之心。然而，北洋军阀的时代终究要过去。1926年，广东革命政府正式举兵北伐，孙传芳、吴佩孚等新老军阀连战连败，奉系成了北洋军阀们最后的救命稻草。1926年11月，张作霖在天津召开会议，孙传芳、吴俊升、张宗昌、阎锡山、寇英杰、刘镇华等十六人推举张作霖为“安国军总司令”。12月1日，张作霖宣誓就职，这个从白山黑水之间走出来的绿林人物登上了北洋军阀总盟主的座椅。随后，为了镇压北方的革命运动，张作霖命令北京军警残害了李大钊等革命领袖，白色恐怖笼罩了整个华北。然而此时的奉军已经是外强中干。1928年，蒋介石再度出任国民革命军总司令后，国民党的蒋、冯、阎、桂四大集团联合进攻奉军，奉军很快就全线崩溃，张作霖眼见回天无力，决定全军撤回关外。令他没有想到的是，一场针对他的刺杀正在蓄谋之中，而执行这一行动的正是一直扶植利用他的日本人。

张作霖在东北发迹之时，日本已经将触角伸到了中国的东北地区，他们一直想扶持一个听话的傀儡政权为将来侵略东北做准备。而张作霖在日俄战争时候就和日本人打过交道，深知日本人的凶狠贪婪，不过张作霖认为要独霸东北，就必须得到日本人的支持。于是他表面上和日本人开始了一系列的合作，日本人对张作霖也大力支援。1916年，日本为支持刚刚上台的张作霖整理全省财政，通过朝鲜银行奉天支行向张作霖贷款300万；1919年，张作霖向吉林和黑龙江扩张势力时，日本在经济和政治上都进行了大力的支持。其后，在奉军的几次大战中，日本都提供了大量的军火物资，帮助张作霖打内战。

而张作霖本人对日本人的野心也有所察觉，他既利用日本人为奉系谋取利益，也对日本人小心提防。当时日本人控制着旅顺、大连两个港口，还控制着南满铁路，在铁路沿线驻军，几乎垄断了东北地区的交通运输。为了打破这种垄断，张作霖准备修建一条和南满铁路并行的铁路来削弱日本对东北的控制，同时他下令建设营口港，以削弱大连和旅顺对东北的影响。对此，日本人极为愤怒，公开抗议东北当局集资修建铁路的行为，认为这是对日本在满蒙权益的“挑衅”，要求张作霖立即停止修建这条铁路。张作霖一面敷衍日本人，一面加快修筑进程，最终完成了铁路修建。除此之外，出身底层的张作霖还奇招迭出，以各种小手段“折腾”日本人。比如日本人费尽心机获得了日本侨民在东北的居住权，可张作霖暗中下令禁止中国老百姓出租房子给日本人，大批来到东北的日本人没有房子可住，狼狈不堪。再比如日本人在东北地区的铁路沿线有驻军，张作霖就在每一个有日军驻扎的地方重兵防备，保证数量上的绝对优势，防备日军武装入侵。

眼看张作霖始终不肯就范，恼羞成怒的日本人决定摊牌。1928年5月17日，日本公使芳泽向张作霖递交日本政府照会，要求张作霖兑现其在郭松龄反奉时承诺给日本人的侵略权益，否则日本政府将以武力干涉。张作霖面对芳泽的威逼恫吓，勃然大怒，宣称自己从来没有过什么承诺，这让日本人恼羞成怒。同年6月3日夜，也就是张作霖率领奉军主力从北京返回沈阳的前一天，芳泽再次求见张作霖，进行最后的要挟。可张作霖根本不见芳泽，会客室内的芳泽还听见隔壁房间的张作霖用高八度的声音大骂日本人的八辈祖宗，这终于让日方下定决心除掉张作霖。6月4日凌晨五时，张作霖的专列行至奉天西郊的皇姑屯车站，穿过京奉路与南满路交叉处的铁路桥洞时，日本关东军高级参谋河本大作启动了爆炸装置，张作霖所乘的铁甲车被炸毁。张作霖身受重伤，被送回大帅府，数小时后身亡。据说张作霖直到生命最后一刻，他的头脑还是很清楚的，他留下的最后一句话是："赶快通知小六子（少帅张学良），把部队拉回关外，准备和小鬼子干。"张学良随即将40万奉军全部撤回东北，日军未敢继续袭击。

就这样，从绿林起家，统治东北三省近二十年，巅峰时政令行于多半个中国的奉系军阀首领张作霖结束了他复杂而传奇的一生，终年54岁。

“秀才将军”吴佩孚

谤誉满天下

1940年1月24日，一场规模浩大的出殡仪式正在日伪统治下的北平街头进行。64名壮汉高抬着绣有佛字的棺椁，由送殡人牵引，缓缓前行，上万北平市民自发跟随，冗长的出殡队伍前头已经到达天安门，队尾还在灯市口徘徊，整个出殡活动持续了整整一天。与此同时，在陪都重庆，国民政府同样也召开了万人的追悼大会，追认逝者为一级上将，国民政府行政院长孔祥熙、国民党元老吴稚晖等高官显贵都参加了追悼活动，蒋介石也送去了亲笔书写的挽联，上书“落日睹孤城，百折不回完壮志；大风思猛士，万方多难惜斯人”的字样。连当时驻重庆的中共代表董必武也对记者发表谈话，称被悼念之人与其他军阀有截然不同之处，无私蓄而有清廉之名……这位得到沦陷区民众和国共承认的人物就是直系军阀的代表，一生毁誉交织，有“秀才将军”之称的吴佩孚。

秀才遇到兵

吴佩孚，字子玉，1874年4月22日出生于山东省蓬莱县。吴佩孚父亲名叫吴可成，是当地一个小商人，依靠祖上传下来的杂货店维持全家的生计。吴佩孚六岁时，其父将他送到当地私塾学习，因为聪明好学，吴佩孚深得私塾先生的喜爱和器重。十二岁时，吴佩孚已经读完四书五经，完成了基本的旧式教育，成为当地小有名气的神童。然而厄运很快降临，1885年，吴佩孚的父亲吴可成因病去世，还是少年的吴佩孚只能和母亲相依为命，依靠祖传的杂货店艰难生存。这时驻扎蓬莱的清军水师营正在招收16岁到20岁的青年为学兵，为了减轻家庭的负担，吴佩孚就虚报年龄加入了水师营。吴母心疼儿子，不愿意让他当兵。在母亲的苦劝下，吴佩孚在1891年离开军队，来到登州府拜著名学者李丕森为师，继续求学。就在吴佩孚学习期间，甲午战争爆发，北洋水师全军覆没，山东被日军占领。眼见侵略者在自己家乡抢劫奸淫，无恶不作，吴佩孚深受刺激，这对他今后的人生经历产生了不小的影响。

1896年，吴佩孚参加了山东登州府的科举考试，高中丙申科第三名，顺利得到了秀才的功名。可此时的清王朝已经是风雨飘摇，这时的秀才头衔也不像旧时那样光彩。在此期间，吴家又有悲剧发生，吴佩孚的新婚妻子王氏染病去世，这让伉俪情深的吴佩孚深受打击，之后的13年里他始终没有续娶。当时山东是列强销售鸦片的主要地区，烟台、青岛、济南、登州遍地都是贩卖鸦片的烟馆，很多人因此家破人亡。刚刚遭遇丧妻之痛的吴佩孚无处排解情绪，也染上了吸毒的恶习。不久，吴佩孚发现花销越来越多，这才清醒过来，跑到烟馆吵闹。冲突之下，吴佩孚带着朋友砸了烟馆，这可给他惹来了大祸，烟馆老板告上衙门，准备抓捕吴佩孚。吴佩孚在朋友的掩护下逃往北京，官府以"行为不检，有辱斯文"为名革除了他的功名，吴佩孚靠科举飞黄腾达的理想彻底破灭了。

在北京城里，吴佩孚举目无亲，仅有的一点儿盘缠很快花完了。1898年，驻扎在天津的淮军聂士成部奉命招兵，扩充队伍。吴佩孚觉得这是一个机会，他找到在北京做生意的堂兄吴亮孚借了一笔钱，然后转道天津，加入了隶属于武卫军的聂士成部，当了一名普通的士兵。尽管幼年时接受过简单的军事训练，但吴佩孚骨子里仍然是一个文人，他的军事动作远不如同僚标准，经常遭到主官的责罚。再加上当时军队中的士兵是清一色的文盲，秀才出身

寓居北京的吴佩孚

尽管晚年的吴佩孚早已远离了波诡云谲的政治舞台，但在"卢沟桥事变"后，他又因缘际会地成了各方政治力量竞相争取的对象。所幸的是，吴佩孚立场坚定，表现了一个爱国军人的立场。

的吴佩孚在其中不但找不到认同感，反而被众人视为异类，很受排挤。不过“知识改变命运”这个道理在那个年代还是很实用的，一个偶然的机会，吴佩孚发现上司郭绪栋在公文中错用了一个典故，就随手加以改正。郭绪栋知道后，就和吴佩孚交谈起来，得知吴是秀才出身后，郭绪栋大为惊奇，开始和吴佩孚有了交往。一来二去，两人成了好友，还结为把兄弟。在郭绪栋的大力推荐下，吴佩孚很快就从普通士兵转任文书。胸有抱负的吴佩孚开始努力学习，准备报考军校。1901年2月，吴佩孚凭借优异的成绩考入开平武备学堂步兵班，开始了军校生涯。当年九月，袁世凯出任直隶总督兼北洋大臣，开平武备学堂也成了袁世凯培养军官种子的地方。不久，袁世凯将开平武备学堂迁到保定，成立了北洋武备学堂，吴佩孚也跟随前往保定，学习了一年多的测绘科。毕业后，吴佩孚授衔中尉，被派到北洋督练公所参谋处任职。

谍海风云

1904年，为了争夺在中国东北的殖民利益和特权，日本和俄国这两个新老帝国主义国家爆发了日俄战争。当时俄国人在中国东北的兵力、装备和防御工事都强于日本，后者只能通过准确的情报进行一场搏命的战争。为了获取俄军的准确情报和东北地区的地理图册，日本人找到了亲日的袁世凯，请他提供一批熟悉东北环境，精通测绘的人员辅助日军。袁世凯就从北洋武备学堂和公所参谋处挑选出20个年富力强的参谋交给日本人，吴佩孚就是其中一员。日本人将吴佩孚等中方人员和30名日本间谍混编，然后全部派入俄军控制下的大连、旅顺进行间谍活动，刺探俄国远东舰队的情报。这时，吴佩孚精明强干的特点就表现出来了。他几次潜入港口附近，准确地探听到了俄军的虚实，以至于日本间谍也称赞他是天生的特工人才。

不过夜路走多了还是会出事。在吴佩孚最后一次潜入奉天附近的新民府时，被同伙出卖，俄国士兵将他抓了个正着。俄国人对吴佩孚拳脚相加，逼他交代从事间谍活动的事实。吴佩孚咬紧牙关，拒不承认，坚称自己只是个小贩。俄国士兵见撬不开他的嘴，就以间谍罪判处吴佩孚死刑，押送哈尔滨枪决示众。就在押送的路上，吴佩孚趁着看守的俄国士兵酒醉疏忽，从奔驰的火车上一跃而下，躲在路边的草丛中逃出生天。随后，他返回间谍的联络点，向日本人汇报了自己的遭遇，主持对俄情报工作的日本使馆武官青木宣纯（老牌的日本间谍，号称日本军部第一个中国通）对其大加称赞，授予吴佩孚六等单光旭日勋章一枚，并将他推荐给了北洋陆军第三镇统制，也就是吴佩孚此后追随数十年的“恩主”曹锟。在此期间，吴佩孚回了一趟山东老家，在母亲的劝说下，他和同乡的李氏成婚，这时的吴佩孚已经31岁，刚刚过了而立之年。

北洋新星

来到曹锟手下以后，吴佩孚自觉找到了用武之地。

首先，他的顶头上司曹锟是布贩出身，一身江湖习气，却特别看重颇具文人气质、胆识过人的吴佩孚，将其作为心腹来培养；其次，北洋陆军第三镇也不是一般的军队，它是袁世凯在北洋大臣任上精心创立的六镇军队（镇相当于师）之一，虽然排名第三，战斗力却号称“北军之雄”。在后来的“二次革命”中，北洋系统的军官就曾叫嚣国民党的军队能打垮第三镇，北京都可以让给孙中山，可见该部在北洋军队中的地位。能在这样一支凶悍的部队中供职，冷硬骄傲的吴佩孚自然满意，觉得找到了一个施展其本领的舞台。后来的事实也确实如此，吴佩孚刚一进入第三镇就被任命为炮兵第三标第一营管带（营长），军衔晋升为上尉，他的军旅生涯有了一个不错的开始。

操练中的北洋军

1905年，袁世凯督练的北洋新军六镇正式成军。为考察这支部队的实际作战能力，清政府练兵处在直隶河间举行了一次北洋军内部的大会操，史称“彰德会操”。其中曹锟所在的第三镇表现尤为出色，由此赢得了“北军之雄”的称号。

1911年10月，武昌起义爆发，袁世凯急调第三镇入关，负责天津、北京、保定一带的防御任务。11月，北洋第三镇中的部分军官密谋哗变，他们打算先杀死曹锟，然后夺取部队。吴佩孚发现了端倪，密报给了曹锟，吓得半死的曹锟赶紧进行内部清洗，这才没丢掉脑袋和顶戴。事情过后，曹锟对吴佩孚非常感激，认为他对自己有救命之恩，公开表示有他曹老三（曹锟在家中行三）在第三镇一日，吴佩孚就会被大大地提拔。1912年1月，北洋第二十镇新军军官施从云、王金铭等人领导发动了滦州起义，以响应武昌的革命军。当时袁世凯正利用清政府和南方的革命党讨价还价，自然不希望清政府过早倒台，就派出曹锟的第三镇进攻滦州，最终扼杀了这次起义。

1912年2月12日，袁世凯逼宫成功，清朝隆裕太后接受优待条件，宣统皇帝正式退位。第二天，孙中山先生辞去临时大总统职务，请袁世凯南下南京接任职务。袁世凯知道南方是革命党的势力范围，坚决不肯南下，孙中山就派出以蔡元培为首的特使督促袁世凯南下。这下袁世凯急了，他指使曹锟、吴佩孚发动所谓的兵变，恐吓特使。曹、吴二人相当卖力，他们派出数千名大兵在特使下榻的东安门一带大肆抢劫商铺，枪声响彻云霄。受惊的几位特使仓皇地从窗户跳出，在墙根底下蹲了半宿。兵变的政治效应立竿见影，袁世凯有了不走的借口——北方不稳啊。受了惊吓的南方使团也领教了北洋军的厉害，只好作罢。3月6日，南京临时参议院做出决定，允许袁世凯在北京就职。目的达到，袁世凯重赏麾下的诸位“演员”，曹锟被晋升为陆军中将，吴佩孚也被提升为炮兵三团团长，进入了北洋军中层军官的行列，这一年吴佩孚已经38岁。

扶摇直上

1913年3月，国民党总理宋教仁在上海遇刺，种种迹象表明袁世凯有重大嫌疑，孙中山发动了反袁的“二次革命”。吴佩孚跟随曹锟前往江西进行镇压，曹锟因功升为长江上游警备司令，吴佩孚则出任师部副官长。两年之后，袁世凯密谋称帝，曹锟这样的北洋嫡系自然是全力劝进。1915年12月，袁世凯正式称帝，曹锟被授予爵位，吴佩孚也被提升为第六旅少将旅长。不久，蔡锷将军在云南发动了护国战争。曹锟、吴佩孚又率军赶赴四川，围堵护国军。在一次战斗中，曹锟一时大意，被护国军诱入峡谷之中重重包围，幸亏吴佩孚率领几十名骑兵冒死营救，曹锟这才得以逃出生天。此后，曹锟对吴佩孚更为器重，将吴佩孚的战功禀报袁世凯，已经焦头烂额的袁立刻晋升吴佩孚为陆军中将。然而历史的潮流终非人力所能阻挡，兵力、武器均不占优势的护国军屡战屡胜，吴佩孚劝说曹锟保存实力，以待时机，在四川前线与护国军形成对峙态势。

1916年6月6日，袁世凯在全国一片声讨声中病死，北洋军由此分裂形成直系、皖系、奉系三大派别，这样的乱世也给了吴佩孚这样的枭雄莫大的机会。当年七月，曹锟率部返回保定，在吴佩孚的协助下，其基准武力第三师迅速扩编为9个混成旅6万余人，为直系军阀日后问鼎中央打下了基础。1917年初，总统黎元洪和皖系总理段祺瑞发生“府院之争”，徐州地方军阀张勋趁机进军北京，拥戴退位的宣统皇帝溥仪复辟。段祺瑞随即组织“讨逆军”进攻张勋，曹锟被任命为西路讨逆军总司令，吴佩孚所部一马当先，一路攻占涿州、良乡，率先从彰仪门攻入天坛，将张勋派驻在天坛的3000名辫子军一举击溃，张勋本人逃到荷兰使馆避难。曹锟因为讨逆有功，被段祺瑞任命为直隶督军兼省长，吴佩孚也水涨船高，出任了第三师师长，成了直系武力中的头号战将。

赶走了张勋，直系头号人物冯国璋出任代理大总统，段祺瑞重任总理。由于这对军阀组合拒绝恢复《中华民国临时约法》，孙中山领导的国民党在西南实力派的支持下发动了护法战争。这次吴佩孚独领大军，率领第三师前往湖南与护法军作战。凭借良好的训练和优良的装备，吴佩孚所部连下岳州、长沙等地，占领了大半个湖南，吴佩孚也被直系政客称为“常胜将军”。可就在此时，段祺瑞打起了小算盘，将湖南这块地盘赏给了心腹张敬尧，而吴佩孚只得到了一块二等大绶宝光嘉禾勋章。吴佩孚这才明白，原来是自己打仗，皖系发财，这如何忍得下去？当年六月，在攻占湖南战略要地衡阳之后，吴佩孚发表和平通电，这为他赢得了举国上下的赞扬之声。

1919年，五四爱国运动爆发，吴佩孚做出了军阀中少有的举动——他公开发表通电，声援学生的举动，反对政府在《巴黎和约》上签字。不管这一举动是基于义愤，民族感情使然，还是为了拆皖系台，出于政治斗争的考虑（皖系一向亲日，段祺瑞政府更是主张签署和约），这一举动在当时确实得到了国人的认可，吴佩孚也成了报纸争相报道的风云人物，得到了“爱国将军”的称号。当年年底，冯国璋病死，曹锟接班成为直系的一号人物，而吴佩孚成为直系武装的实际领导人。1920年，规模空前的直皖战争爆发，直奉军阀联合倒段。刚从湖南急行军赶到河北的吴佩孚出任前敌总司令，率领直系主力在涿州、固安一带与皖系边防军展开激战，他采用侧翼包抄的战术，一举击溃皖系曲同丰、段芝贵的部队，皖系军阀经此打击一蹶不振，段祺瑞也通电引咎辞职，直系军阀成为中国头号军阀集团。战后，曹锟被徐世昌政府任命为直、鲁、豫三省巡阅使，吴佩孚为副使，并受封上将军衔，成为中国军阀中的新贵。

盛极而衰

直皖战争刚刚结束，曾经好得穿一条裤子的直奉军阀之间又出现了矛盾。奉系老大张作霖觉得直系占了大便宜，山东、河北、河南等地盘都归了曹、吴，吴佩孚觉得张作霖这个马匪贪得无厌，吞下热河、绥远、察哈尔不算，还扶植亲日的梁士诒组成内阁，压缩直系的话语权，双方都磨刀霍霍，准备从枪杆子里夺政权。1922年4月22日，第一次直奉战争打响。随着张作霖一声令下，奉系12万大军分为东西两路，携带着上百门火炮，气势汹汹地直扑关内。反观直系这边，总共只有不到10万军队，武器装备也不如奉军，不少外国武官都认定此战奉军必胜。可用兵老辣的吴佩孚知道奉军没有受过正规训练，打顺风仗还行，一旦形势不利必然全线崩溃。于是，吴佩孚采用诱敌深入的战术，以部分兵力在固安、永清、长辛店一线节节抵抗奉军，拉长后者的补给线，然后以精锐部队奔袭数百里，一举捣毁了奉军后方的补给站。这下前线的奉军炸了锅，扔下武器就开始后撤，12万大军最后逃回关外的还不到一半，大批的武器装备也都便宜了直军。要不是英、美、日等国不愿看到中国有统一的趋势，纷纷进行干涉，

电影《辛亥革命》剧照

2010年9月29日上映的史诗电影《辛亥革命》中，著名演员孙淳出演了窃国大盗袁世凯，凭借这一角色的出色发挥，孙淳获得了第21届金鸡百花电影节“最佳男配角”奖。

奉系的历史也许就终结在了吴佩孚的手中。

第一次直奉战争的胜利让吴佩孚名声大噪，他的直属部队扩充到了五个师十余万人，下辖的地盘也包括了河北、陕西、山东、河南、湖北等数省之地。当时吴佩孚的指挥部设在河南洛阳，各地的军阀纷纷在洛阳建立办事区，以便与其“沟通”事务，以至于时人称洛阳为“西宫”。1924年4月，吴佩孚五十大寿之时，各地军阀、政客、文化名人、外国使节数百人纷纷前往洛阳为其祝寿，康有为还亲笔写下了一副对联作为寿礼，联曰：“牧野鹰扬，百岁功名才一半；洛阳虎视，八方风雨会中州”。而作为直系背后的大靠山，美国人也相当看好“吴大帅”（此时曹锟在直系内部已经“晋级”为“老帅”，吴佩孚也就被称为“大帅”或“玉帅”），不但让吴佩孚上了《时代周刊》的封面，美国记者还预测吴佩孚是最有可能一统中国的人物。

可后来的事实证明美国人太不了解中国的国情了，他们一定不懂什么叫盛极而衰。第一次直奉战争结束后，直系内部日渐骄横，一直想当上大总统的曹锟用贿选和武力威胁的方式“圆梦”成功，成了民国历史上第六位大总统，这下就把皖系、奉系逼到了一起，后者很快联合南方的护法军政府组成了反直同盟。1924年9月，奉军再度南下，直奉双方50多万大军在山海关展开激战。就在吴佩孚督战前线之时，直系将领冯玉祥率领部下三万多人突然杀回北京，先将大总统曹锟囚禁，接着发表了倒直宣言。这下吴佩孚可傻了眼，北有穷追不舍的奉军，南有据城而守的冯玉祥部，再加上趁火打劫的山西军阀阎锡山出兵石家庄和皖系将领郑士琦截断津浦铁路，吴佩孚四面受敌，最终全军覆灭。幸好老对头段祺瑞还念香火之情，在塘沽为吴佩孚安排了一条军舰，吴佩孚这才率领残部逃至河南，不过其实力再也没有恢复到全盛时期的规模。

终不投敌

1926年4月9日，曹锟被冯玉祥的部下鹿钟麟释放，他赶到河南投奔吴佩孚。两个几十年的老朋友见面，彼此无言以对。不久，曹锟前往天津老家寓居，至1938年5月16日因病去世。退出北方之后，吴佩孚仍不死心，他利用张作霖和冯玉祥之间的矛盾，又与奉系联手对付冯玉祥的国民军，后者被迫退往西北，冯玉祥也宣布下野。这样一来，直系的光景似乎又好转起来，可惜这一切只是镜花水月罢了。1926年7月，广东国民政府在广州誓师北伐，首选的进攻对象就是盘踞在湖北、湖南、河南一带的吴佩孚所部。此时的直系已经是日薄西山，吴佩孚勉强组织了10万大军对抗北伐军。可他那支只为军饷作战的部队根本不是有着坚定理想和信念，敢于为国牺牲的北伐铁军的对手，一败汀泗桥、二败贺胜桥，最后连武昌城都被北伐军攻占，吴佩孚逃往河南信阳。不久，山穷水尽的吴佩孚宣布下野，在四川军阀杨森的庇护下过起了寓公的生活。

1932年1月，吴佩孚从四川来到北平定居。当时东北军少帅张学良正执掌北平军政大权，他对吴佩孚较为尊重，不但将东四什锦花园胡同的大宅院送给吴佩孚，还每月拨出数千大洋作为吴佩孚的生活费。这时的吴佩孚已经年近花甲，平时以种花、养鸟、著作、研究佛学度日，再无昔日的傲气与戾气。可树欲静而风不止，野心勃勃的日本人正在华北物色代理人，在他们看来，曾经叱咤一时的吴佩孚就是扶持的最佳人选。很快，日本人找上吴府，表示愿意无偿提供步枪十万支、机枪两千挺、火炮五百门，再加上数百万的资金，帮助吴佩孚东山再起。一向以关羽、岳飞为偶像的吴佩孚哪里会为了日本人的“画饼”而出卖祖宗，予以断然拒绝。“卢沟桥事变”后，日军占领了华北大片土地，急需一个有威望的人物出任伪政权的头目，在日本人看来，吴佩孚远比殷汝耕、齐燮元等人更有号召力。一时间，日本驻特务头子土肥原贤二、华北派遣军参谋长板垣征四郎接连带着大批汉奸说客先后登门，可吴佩孚咬紧牙关，就是不肯答应，终保大节无亏。

1939年12月，吴佩孚因吃羊肉饺子引发牙痛、发烧，经过日本人强行介绍的牙医诊治后猝死于家中，时年66岁。根据吴家人后来的回忆，吴佩孚很可能是被日本医生故意害死。回顾吴佩孚的一生，有过穷兵黩武和镇压劳工的污点，这也是那个时代军阀们共同的黑色印记；也有过不出洋、不入租界、不卖国求荣的坚持，其是非功过只能由历史来评判了。

“狗肉将军”张宗昌

混世魔王

提到民国时期的大小军阀，我们所知道的大多都是一些负面形象，比如荒淫好色，迎娶大批的姨太太；残暴冷血，无情镇压劳工大众，扼杀新闻自由；骄奢无度，横征暴敛，大肆搜刮民脂民膏；吃喝嫖赌，五毒俱全，等等。可就有这样一个人物，一身集合了以上所有的丑恶行径，堪称是无耻军阀最典型的代表，他就是曾经出任直鲁联军总司令，在山东担任过数年太上皇的军阀张宗昌。

混迹东北

1881年，张宗昌出生于山东掖县的一个农民家庭。张宗昌七八岁时，父亲因饮酒过量去世，张母一个人无法养活一家老小，只得改嫁同村的单身汉贾某。贾某虽然是继父，但对继子张宗昌很不错，几乎把他当作亲生儿子一样看待。张宗昌后来发达之后也很感激这个继父。不过贾某也是赤贫一族，两人结婚以后家里生活更是捉襟见肘，全家几乎活不下去。为了生存，年幼的张宗昌被迫出门打工，他先后给地主放过牛，做过酒店的小伙计，在街头卖过瓜子花生。少年时期的贫困生活，让张宗昌产生了一定要出人头地的想法，也让他练成了能说会道的口才。可惜在当时的社会，光靠嘴巴厉害不可能养活自己，还是一样会饿死。

1900年，“庚子事变”爆发，八国联军在北京烧杀抢掠，山东作为义和团运动的中心地区更是战火不断，年仅19岁的张宗昌眼见在家乡活不下去，一咬牙走了山东穷苦百姓常走的老路——闯关东。当时俄国人正利用和清政府签订的不平等条约，修建横穿东北的东清铁路，急需大量的劳工，张宗昌被俄国人雇佣，在铁路沿线打工，干一些重体力的粗活。虽然从小没受过规范的教育，但

张宗昌就任直鲁联军副总司令后的军装照

1925年，为了共同对付冯玉祥的国民军，直隶的李景林和山东的张宗昌将所部联合，改称“直鲁联军”，李景林任总司令，张宗昌任副总司令。

张宗昌却是个“不学有术”、野心勃勃的家伙，他认为干苦力一辈子也没有出头之日，必须找到一个往上爬的办法。不久，张宗昌开始和俄国的工程人员学习俄语，短短几个月内就掌握了口语对话的能力，很快晋升为工头，有了一份稳定的收入。可张宗昌的生活并没有多少改变，反而染上了赌博的恶习，辛苦一个月赚到的工钱，常常一天就输了出去。

1904年，日俄战争爆发，因为在中国的土地上进行战争，俄军急需大量精通俄语的中国翻译。粗通俄语的张宗昌觉得这是一个好机会，就报名加入了俄军，成为一个普通的俄语翻译。他跟随俄军士兵搜刮粮食，收集日军情报，还参加了俄国人组织的马队，初步学习了一些军事知识。一年后，俄国战败，再次变得一文不名的张宗昌来到了西伯利亚讨生活。由于懂得俄语，他混得比一般中国劳工好得多，在当地的金矿担任了工头。当时西伯利亚有很多凶猛的野兽，因此金矿的工头普遍配枪防身，张宗昌也不例外。在这段时间内，他练就了一手好枪法，这对他以后的军阀生涯起到了不小的作用。此外，当时还有很多土匪流氓混迹在中俄边界上，张宗昌在赌场结识了不少这样的人物，很快他也成为当地一个颇有名气的黑社会头目。可好景不长，因为嗜赌成性，张宗昌将手下工人的工资全部输光，他害怕俄国人的惩罚，只得逃回中国，这时的张宗昌已经在中国东北和俄国混了11年，适逢而立之年。

三姓家奴

就在这时，辛亥革命爆发，清政府的统治土崩瓦解，东北不少马贼土匪纷纷成立了所谓的革命军，一时间乌烟瘴气。张宗昌觉得机会到了，他带着一批在东北结识的土匪投靠了山东民军都督胡瑛，摇身一变成了“革命者”。当时的山东民军都是清一色的民团武装，基本没有人懂得军事知识，矮子里面拔将军，张宗昌因此被提拔为中级军官。不久，胡瑛又把民军拉到了上海，投靠了上海都督陈其美，张宗昌也顺势成为陈其美麾下第三师的骑兵团团长。其实张宗昌并不是真心革命，他这个老粗也不明白革命是什么意思，只要有人给他钱，给他权，他就甘心卖命。1913年，国民党发动了倒袁的“二次革命”，张宗昌眼见北洋军财雄势大，就临阵倒戈，投靠了袁世凯手下大将、江苏都督冯国璋，成为北洋军中的一个师长。1916年11月，冯国璋出任“中华民国”代理总统，靠溜须拍马得到冯国璋信任的张宗昌也水涨船高，升任总统府侍卫武官长。

可惜好景不长，两年之后冯国璋病死，失去了靠山的张宗昌又在直皖战争中打了大败仗，彻底失去了在直系军阀中飞黄腾达的机会。不过有奶便是娘的张宗昌一点儿也没犹豫，他又改投了奉系军阀张作霖。一开始，张作霖对“三姓家奴”性质十足的张宗昌并不信任，仅仅给了他一个宪兵营营长的职务。可张宗昌的运气很好，很快就找到了发迹的机会。1922年，第一次直奉战争爆发，疏于训练的奉军被打得大败，依靠列强的调停才勉强逃回关外。眼见张作霖摔了大跟头，驻扎在吉林的奉军旅长高士傧乘机联合土匪卢永贵公开反奉。当时张作霖刚刚战败，根本无力剿匪，张宗昌就自告奋勇地求见张作霖，表示自己不用一兵一卒就能说服土匪投降。张作霖半信半疑，就让张宗昌带着几个手下前往匪巢。其实张宗昌敢夸下海口是有原因的，匪首卢永贵是他早年混迹东北时认识的一个酒肉朋友，其部下大小头目和张宗昌都是熟人，张宗昌自信可以用三寸不烂之舌将其拿下。果然，双方见面后一番黑话交谈，张宗昌就用高官厚禄和老乡交情说动了土匪，不但兵不血刃地解决了匪患，还为奉军收编了三个团。

眼见张宗昌办事如此得力，张作霖非常高兴，他大笔一挥，任命张宗昌为吉林省防军第三混成旅旅长兼吉林省绥宁镇守使。就这样，张宗昌从一个营长一跃成为旅长，还有了一块自己的地盘。

招兵买马

官升三级并没让张宗昌飘飘然，当时奉军有40多万大军，各地的混成旅就有近30个，一个旅长远远不能满足张宗昌的胃口，他心里渴望着更大的权柄。很快，张宗昌又得到了一个扩充实力的好机会。当时苏联国内战争即将结束，高尔察克等白匪军被红军打得大败，纷纷沿着西伯利亚逃入了中国的东北地区，大批军火也被他们丢弃在中俄边境。张宗昌懂得俄语，在西伯利亚又混迹过数年，对俄军的战斗力也很认同，他趁机派人到逃亡的白俄士兵中大力宣传，宣称自己愿意将白俄士兵收归为自己的雇佣军，还许诺给予很好的待遇。这些白俄军人除了打仗什么也不会，进入中国以后就是一帮普通的难民，连养活自己都困难，此时见张宗昌愿意收留自己，而且还有丰厚的军饷领取，立刻就有数千名白俄士兵投入张宗昌麾下，包括数百名哥萨克骑兵。

这还不算，一个名叫葛斯特劳夫的白军炮兵军官还向张宗昌透露了一个消息——一列满载白军军火的火车就被丢弃在中俄边境的铁路线上。喜出望外的张宗昌带着手下赶到边境，还真找到了一列车的军火，其中包括数千支步枪和几十门野炮。此后，贪心不足的张宗昌在边境上屡次出手，前后搜刮到数万支步枪、数十门火炮、大批的弹药和两列装甲列车。这样一来，张宗昌手下的实力迅速提升，部队很快就达到近两万人，其中有一个满编的白俄步兵旅和一个骑兵队。按照当时美国驻东北武官的说法，张宗昌麾下的白俄骑兵经常在长春大街上奔驰而过，他们脚穿没膝的马靴，携带着各种枪械，背后的刀鞘中插着大刀，都是些亡命之徒。

世上没有不透风的墙，张宗昌招募白俄军人的事情很快就传开了。对于这个实力飞涨的外来户，张作霖有了防范之心，开始克扣张宗昌所部的军饷。张宗昌本就胆大包天，现在看张大帅在军饷上和自己玩花样，更加不管不顾，他公然在自己的辖区内大量种植鸦片，玩起了以毒养军的招数。此举让东北舆论界一片哗然，报纸纷纷把张宗昌称为“贩毒将军”。可皮厚心黑的张宗昌满不在乎，一副笑骂由人、权财我自得之的无耻嘴脸。

独霸山东

1924年，第二次直奉战争爆发，准备充分的奉系大获全胜，占领了关内的大片地盘。这次大战中张作霖起用了张宗昌，将其任命为第一军的副军长。张宗昌知道这是个扩充实力，抢占地盘的好机会，也相当卖力，以白俄雇佣军为先头部队，用装甲列车开道，一路从冷口长城杀入天津城，将直军杀得大败。可没等张宗昌在天津享福，张作霖又命令其继续南下，张宗昌也知道天津这样的好地方肯定是奉系大佬的禁脔，索性继续南下，等远离了奉系的势力范围，再找机会自立为王。不久，张宗昌的部队和江苏督军齐燮元（后来著名的大汉奸）的部队在江苏、山东一带展开激战。两支军阀部队打得旗鼓相当，不分胜负，关键时候，张宗昌再次派出白俄雇佣军出战，1000多名白俄士兵以刺刀冲锋击溃了齐燮元部队，一举占领了无锡、南京等地。眼见自己打下了中国最有油水的地盘，张宗昌对白俄雇佣军非常满意，不但开出了丰厚的军饷，还花重金包下上海的白俄舞女送到前线，以此犒赏自己的心腹手下。

得知张宗昌拿下江苏，张作霖就又命令其继续南下，击败占据浙江的直系军阀孙传芳。可此时张宗昌已经有了

奉军使用过的日制75毫米野炮

自己的地盘和军队，成了一个中级军阀，准备自成体系了。鉴于张宗昌有脱离奉系的迹象，各派反奉的军阀纷纷前来拉拢他，其中最卖力的当属孙传芳。时任浙江都督的孙传芳和张宗昌的地盘接壤，为了笼络张宗昌，孙传芳派心腹赶往上海，把所有妓院、赌场、酒店都包下来，供张宗昌花天酒地，夜夜笙歌。张宗昌一辈子也没享过这样的“福”，很快就在灯红酒绿中把张大帅的命令抛到脑后，不但没有和浙军刀兵相见，反而和孙传芳结为异姓兄弟，完全放弃了对浙江的进攻。

正当张宗昌在上海寻欢作乐的时候，段祺瑞政府（奉系和皖系联合反直系的产物，张作霖推举）任命皖系干将卢永祥为江苏军务督办，张宗昌想夺取江苏地盘的愿望落空，一怒之下，率部出走徐州。为了安抚张宗昌，张作霖忽悠皖系被迫让出山东军务督办的位置。就这样，张宗昌成了山东省主席兼任山东省军务督办，开始了他荼毒山东的历史。

三多将军

在山东的短短几年内，志得意满的张宗昌骄奢淫逸，可以算得上五毒俱全。正是在这段时间，他得到了“三不知将军”的绰号，即兵不知有多少、钱不知有多少、姨太太不知有多少。

张宗昌深知乱世之中有枪就是草头王，要想维持他的地位，就得扩充自己的武力。为了壮大实力，张宗昌不惜一切代价征兵。当时山东匪患极为猖獗，全省土匪不下十万人，在张宗昌的招安政策下，大批土匪摇身一变，成了张宗昌麾下的正规军。由于求兵心切，只要来投奔的土匪和民团武装，张宗昌一律照单全收，并且按人头给予奖励。土匪们为了多拿钱，纷纷谎称自己部下的人数，几百人夸大为上千人，一千人夸大为几千人的事情时有发生。所以张宗昌麾下到底有多少士兵他自己也不知道，有的部队里面一个团只有一个营，一个营只有一个连，而这个连也只有几十人。这还不算，张宗昌部队的军纪极差，就算在山东境内作战也四处抢劫，强买强卖，简直是一帮穿着军装的土匪。抗日战争中曾经担任过中国战区参谋长的史迪威当时是美国驻华武官，他曾经近距离观察过张宗昌的军队，按照他的说法，张部士兵只有30%有步枪，其他70%要么拿着冷兵器，要么干脆赤手空拳。对此，当时山东的舆论界讥笑张宗昌的军队是官比兵多，兵比枪多，枪比子弹多。除了花钱养兵上不懈余力外，张宗昌在女色上也相当荒淫无耻。按照时人的统计，他先后娶过数十个老婆，其中有的是中国人，有的是外国人；有的是戏子，有的是青楼女子，光加入张家族谱的就有二十多个。张宗昌的妻妾同本人一样，生活极其奢侈糜烂，每人均配备副官一人，护卫两人，汽车两辆，杂役无数。

民不聊生

张宗昌如此胡乱扩充兵力，生活又如此奢侈淫逸，自然需要大笔资金的支持，这批钱款的压力自然转移到山东老百姓头上。张宗昌统治山东的几年中，横征暴敛，无所不用其极，比土匪还要凶狠。不完全统计，光有名目的税收达六七十种之多。除田赋外，还开征了契税、牙税（对经纪人所征之税）、当税、牲畜屠宰税、烟酒税、矿税、盐税、奢侈税、宴席税、货物落地税、印花税、邮局包裹税、牌照税、禁烟税、渔船税、青菜税等。还有名目繁多的“捐款”，如盐税讨赤捐、房铺捐、烟酒特捐、茶叶特捐、富绅捐、驻军给养费、营房捐、军鞋捐、军械捐、集市摊捐、货车特捐、娼妓捐、戏捐、人头捐、锅头捐、狗捐、鸡捐等。基本上能想到的税收，张宗昌都征收了，老百姓连养条狗都要交钱。最为荒唐的是，张宗昌还开征了大粪捐和祝寿捐。所谓大粪捐，就是对进城来挑大粪的农民要钱，亏张宗昌能想得出来！还有更狠的祝寿捐。1927年2月10日，农历正月初九，张宗昌为其继父贾某操办76岁生日时，强令山东军政各界人员缴纳当年薪水的五成作为贺礼。当时山东公务员收入极低，也是勉强糊口。这一下扣了一半薪水，全家只能喝西北风去，公务员对张宗昌恨之入骨。济南老百姓就有歌谣流传："也有葱，也有蒜，锅里煮着张督办；也有蒜，也有姜，锅里煮着张宗昌。"由于张宗昌的横征暴敛，仅1927年一年济南就有700余家商号倒闭。到 1928年冬天，有100万人从山东省移民东北。此时的山东，真是"朱门酒肉臭，路有冻死骨"。

除了在经济上压榨老百姓以外，张宗昌还在山东采用白色恐怖的统治手段，试图用暴力维持自己的统治。

1926年4月，直奉联军的军阀将领们在北京聚会，拍下了这张合影。前排右起分别为毕庶澄、褚玉璞、张宗昌、杨清臣等人，后排有王揖唐、王占元、梁弘志、朱曜、吴光新、田中玉等人。

当时山东报人林白水在《社会日报》上发表了《官僚之运气》一文，讥讽原北京政府财政次长、张宗昌的密友潘复，把潘与张的关系比作"肾囊与睾丸"。张宗昌听说后勃然大怒，以通敌的罪名，没有经过任何审讯就将林白水枪杀。1925年4月底，由于青岛的六家日本纱厂欺压中国工人，肆意拖欠薪水，青岛的中国劳工忍无可忍，爆发了大规模的罢工运动。为了讨好日本人，张宗昌出动两千多名军警驱散工人，当场打死了8名工人，这就是举世震惊的"五二九"青岛惨案。青岛《公民报》总编辑胡信之发表文章谴责张宗昌的暴行，结果不但报馆被查封，连胡信之本人也被张宗昌下令秘密处决。

仓皇下台

山东是华北地区的重要省份，为各方势力所重视。眼见张宗昌在山东胡作非为，民心不稳，各派势力先后对张宗昌出手，争抢山东地盘，其中既有冯玉祥的国民军，也有张宗昌的拜把兄弟、直系军阀新代表孙传芳。特别是1925年爆发的浙奉战争，张宗昌赖以起家的白俄雇佣军遭到了孙传芳所部的重创，其看家的装甲列车被孙军埋设的地雷炸毁，数千名白俄士兵被孙军的重炮、机枪击毙，张宗昌的实力大损。为了苟延残喘，毫无廉耻的张宗昌开始和日本人勾结，不惜出卖了山东省的大量主权，包括矿产开采权、铁路修筑权、治外法权等，这些条款堪比当年的二十一条！日本人也秘密给予张宗昌大力支持，向他提供了可以装备10多万人的军火，这才让张宗昌又苟延残喘了一段时间。

1926年，广东国民政府誓师北伐，这回张宗昌"山东王"的日子算是混到头了。1927年5月，张宗昌和李景林组建的直鲁联军连战连败，陆续丢失了蚌埠、徐州等地，张宗昌率残部逃回了济南。1928年，蒋介石进行了第二次北伐，张作霖的奉军节节溃败，张宗昌也到了山穷水尽的地步。为了保住自己的性命，张宗昌将日军第六师团放进了济南城，他自己则率领直鲁联军残部离开山东，撤到了河北的滦州地界。5月3日，妄图阻止中国统一的日本侵略者制造了震惊中外的"济南惨案"，大肆虐杀济南军民，前后有一万多名无辜平民遇难，这其中张宗昌也间接地充当了帮凶的角色。当年六月，张作霖在皇姑屯被日军炸死，失去靠山的张宗昌恳请少帅张学良出关，张学良知道他为人两面三刀，断然予以拒绝。当年九月，北伐军白崇禧部进抵河北，对张宗昌的残军形成了包围态势。张宗昌感到大势已去，扔下部队只身逃亡日本，曾经嚣张一时的直鲁联军彻底覆灭。

遇刺身亡

流亡日本的张宗昌虽然带走了巨款，可由于他好赌好色，每天过着挥金如土的生活，很快就坐吃山空。眼见身上的盘缠越来越少，不甘寂寞的张宗昌又准备东山再起，再过一把军阀的享乐生活。1932年，他找上了驻军北平的张学良，希望能谋个一官半职。张学良知道他有奶便是娘的本性，怕他再次和日本人勾结起来，就给了他一个虚衔，每个月拨给他3万大洋的生活费。可张宗昌本人却觉得日子不太风光，打算返回山东召集旧部。当时的山东省主席已经是国民党第三路军总指挥、西北军叛将韩复榘，这也是一位性格乖张、心狠手辣的军阀，焉能容许别人到自己的地盘上搞风搞雨？一场较量在所难免。

1932年8月，韩复榘到北平参加军事会议，经人介绍和张宗昌进行了会面。一番虚与委蛇之下，韩、张二人结为异姓兄弟。张宗昌比韩复榘大9岁，就大大咧咧地以兄长自居，时不时向韩炫耀自己有多少老部下还在山东各地，自己一声招呼又能拉起多少人的队伍。韩复榘表面上哈哈一笑，当作没事一般，实际心中非常忌惮，产生了除掉张宗昌的想法。军事会议结束后，韩复榘返回了济南。数天后，他给张宗昌去信一封，邀请其前往济南共商大事。鉴于韩复榘以往的名声，张宗昌的旧部和老友吴佩孚、孙传芳等人反对其前往山东，认为韩复榘明显是不怀好意。可张宗昌已经过够了无权无钱的寓公生活，一门心思想重温昔日呼风唤雨的军阀旧梦，他没有理会众人的劝阻，于8月底返回了济南。

9月3日，张宗昌在同韩复榘会晤完以后，前往济南火车站，准备返回北平。就在他正准备上车的时候，两个男子突然冲出人群，举起手枪向他开枪。其中年轻的男人一边开枪还一边大骂："我打死你这个王八蛋！"张宗昌从军多年，枪法又准，本来也是不怕的。但此时他刚刚从韩复榘的府邸中喝完酒，随身携带的配枪也被韩复榘借机要走，根本没有反抗之力，只好跳上一列停在站台上的火车躲避。两名杀手紧追不舍，一路上乱枪向张宗昌射击。眼见张宗昌就要成功逃脱，韩复榘手下的士兵突然出现，他们纷纷向着刺客开枪射击，可刺客毫发无伤，张宗昌却被几发诡异的步枪子弹当场击中，很快就一命呜呼。两名刺客随后束手就擒，其中一人自称为父报仇，情愿以命相抵。原来这又是一段公案。1927年，冯玉祥部北伐河南，张宗昌屡战屡败，就想出了一条毒计，诱降了冯部旅长姜明玉。这个姜明玉也是个小人，不但自己倒戈，还顺手将自己的上司、冯部第八方面军副总指挥郑金声出卖给了张宗昌。“狗肉将军”被冯军打得恼羞成怒，也就顾不得不杀高级俘虏的民国惯例，下令将郑金声枪决。而现在的刺客正是郑金声的儿子郑继成，算是名正言顺地为父报仇。

张宗昌遇刺后，舆论一片哗然。因为张宗昌恶贯满盈，死有余辜，郑继成为父报仇属于情有可原。山东各界人士也纷纷电请南京政府赦免郑继成的杀人罪。第二年一月，郑继成被赦免，后被送进陆军大学将校班学习。而张宗昌被打死后，无人愿意为其收尸。在他暴尸车站一天以后，才被韩复榘下令安置在安徽乡祠。1932年9月11日，张宗昌的棺木由一列铁皮闷罐车运至北平，经张学良等人会商，将其葬于北平西郊香山，这个民国历史上最荒诞无耻的军阀就这样悄无声息地走出了世人的视线。

“逃跑将军”韩复榘

留作今日羞

1938年1月24日晚7时，在武汉一栋戒备森严的大楼中，一个佩戴上将军衔的中年男子无聊地躺在床上发呆。就在男子半睡半醒的时候，突然闯入两名警卫对他说：“韩主席，何部长请您去谈话，请跟我们走。如果您想给家里写信，我们可以负责送到。”男子对这句意味深长的话没有任何反应，他淡淡地回答：“我没有家！”随后起床下楼，哪知刚刚走到门口，男子发现满院子都是荷枪实弹的军警，同往常大不一样，这才知道自己死期将至。他回身对警卫说：“我脚上的鞋小，有些挤脚，我回去换双鞋。”可就在他回头迈步的时候，警卫向他头部开了枪。他回头说了一句：“打我……”话音未了，头部又中两弹，身上中了五弹，当场毙命，时年四十八岁。这是蒋介石在抗战中处决的军衔最高的将领，这个中年人就是大名鼎鼎的山东省主席兼第三集团军总司令韩复榘上将。

投身军伍

韩复榘，字向方，1890年出生于河北霸县的东台山村。后世流传着一些关于韩复榘的笑话和相声，比如“走路都靠右走，谁来走左边”“给足球队一人发一个足球踢”，《关公战秦琼》中，韩复榘非要让秦琼和关羽分个高下等。其实被讥笑为大老粗的韩复榘出生于一个小知识分子家庭，他的父亲韩世泽是清末的一个秀才，在村里的私塾教书为生。韩复榘幼年时期聪明好学，曾经在私塾学习七八年，完成了旧式的启蒙教育。在父亲的督促下，韩复榘还写得一手好书法，曾经到县衙门中担任过书记员的职务。不过好景不长，韩复榘染上了赌博的恶习，只要手中有钱就去赌，一直到输光为止。韩父为此气得卧床不起，韩母见管不住儿子，就为他迎娶了一位名叫高艺珍的姑娘，希望家庭的牵绊能让韩复榘变得老实本分一些。可韩复榘性子太野，最终欠下了一大笔赌债。债主天天上门要债，搞得全家鸡犬不宁。韩复榘眼见在老家待不住了，就带着妻子闯了关东。

韩复榘

相比同样出自西北军的吉鸿昌、佟麟阁、张自忠等抗日名将，韩复榘给后人留下了太多的感慨。如果不是一直想避而不战，一门心思保存实力，他也不会落得如此下场。

当时的东北也不是伊甸园，正值清王朝覆灭之际，中央政府对东北地区的控制力已经微乎其微，反倒是日本和俄国这两个贪婪的侵略者在中国的土地上为所欲为。韩复榘带着妻子来到了东北的辽阳，他靠打零工为生，当过伐木工、苦力，贩卖过小商品，收入不高，勉强糊口而已。眼见生活同样艰难，迷信的韩复榘就找到一位算命先生，为自己算了一下前程何在。惯于察言观色的算命先生见韩复榘身高马大，眉宇间隐现刚烈之气，就建议韩复榘投身军伍，在厮杀阵中找前程。韩复榘大喜过望，将口袋里面最后几个铜板给了算命先生，下定决心去当兵。韩复榘带着妻子离开辽阳，去新民府投奔了清军第二十镇四十协八十标第三营，这个第三营的管带（营长）就是后来西北军的首领冯玉祥。当时军队中的士兵大多是文盲，而韩复榘文字功底不错，又写得一手好字，冯玉祥就任命他为营中的“司书”（相当于今天的文书）。

倒戈将军

1912年1月，韩复榘跟随冯玉祥参加了滦州起义，从此开始了他复杂的军旅生涯。此后的十多年中，他作为西北军中的一员历经数十场大战，因为骁勇善战，战功卓越，从排长、连长、营长、团长，旅长一路升任第二十师师长，成了西北军中的骨干人物，冯玉祥麾下的“十三太保”之首。1928年，韩复榘再次得到提升，被任命为西北军第三方面军总指挥兼河南省省长。不过这个任命却并不能让韩复榘满意，因为他嫡系的第二十师被冯玉祥交给了西北军将领石敬亭，这让韩复榘牢骚满腹，认为冯玉祥是在变相夺取自己的兵权。其实这种猜疑是有历史原因的，早在1925年，冯玉祥受直系、奉系势力的联手威逼，被迫下野了一段时间，期间韩复榘和石友三两个西北军将领曾短暂投靠了阎锡山的晋绥军。冯玉祥归国后，两人又率部回到了西北军中，但一丝嫌隙已经种下。冯玉祥认为韩、石二人有不忠的劣迹，而韩、石则紧紧抓住兵权，生怕被明升暗降。现在冯玉祥虽然给了韩复榘一个省主席的官帽子，却要把他的基本武力交给与其一贯不睦的石敬亭，这让韩复榘产生了另立山头的心思。

冯玉祥

在后世历史学家的笔下，有冯玉祥“善将兵，不善将将”的说法。直白地说，就是这位西北军的建立者对士兵平易近人，深得军心；但对统兵将领较为严厉，所以西北军中叛将不少，这也间接导致了蒋冯战争中西北军的失败。

除了兵权之外，西北军的清苦也让身为一方诸侯的韩复榘无法忍受。由于辖区大多为贫寒之地，所以西北军粮饷奇缺，师长一个月的军饷也不过60块大洋，还不如中央军的一个营长。而韩复榘担任省主席后迅速腐化堕落，吃喝嫖赌样样不落，整个人的习惯已经和冯玉祥对西北军的要求格格不入。此外，冯玉祥治军严厉，颇有封建家长制的一些特点，哪怕是韩复榘这样的高级将领，一旦犯错也是毫不留情地处罚，罚站岗、打军棍是家常便饭，这让好面子的韩复榘非常难堪，双方的裂痕也就越来越大。

1929年，冯玉祥和蒋介石因为编遣军队的问题矛盾日深。当年五月，蒋桂战争刚一结束，冯玉祥就准备发动进攻，武力倒蒋。早有防备的蒋介石已经察觉到了冯玉祥和韩复榘、石友三之间嫌隙不小，就派人收买韩复榘、石友三两人，每人送出大洋一百万元，还许诺将河南这块地盘交给韩复榘，今后每个月还将划拨给韩部军费六十万元。穷了半辈子的韩、石二人哪里见过这么多的好处，当即发出通电，宣布拥蒋讨冯。这下冯老总被打了个措手不及，军心大乱的西北军很快就输掉了战争，冯玉祥被迫通电下野。1930年，蒋介石集团和冯、阎、桂三派军阀又展开了中原大战。出于自保的目的，韩复榘率领他的第二十师继续为蒋介石助阵，与阎锡山的晋绥军激战于山东、河南一线，以巨大的伤亡挡住了晋绥军的进攻。战后蒋介石论功行赏，任命韩复榘为山东省主席，次年又任命韩为山东省保安司令，从此揭开了韩复榘独掌山东军政、财经、司法大权，统治山东八年多的“土皇帝”生涯。

治理山东

公平地说，韩复榘治理山东时的表现比前任省主席张宗昌要强得多。和张宗昌纯掠夺式的统治不同，韩复榘比较重视建设，先后提出了“澄清吏治”“严禁毒品”“普及教育”等施政方案，也聚集了包括民国著名的教育家何思源在内的一批人才。当时山东匪患横行，著名的土匪头子刘黑七就在山东流窜作案，其他大小土匪数百股，人数比山东的军队还多。为了稳定地方，韩复榘亲自率军剿匪，在一定程度上缓解了山东的土匪问题。接着，他又整顿吏治，对山东的省府公务人员实行考勤制度，提高了政府的工作效率。2002年央视热播的电视剧《大染坊》中，民族资本家陈寿亭生意越做越红火，其实就发生在韩复榘治理山东期间，要是放在张宗昌时代，这样的工商业发展是不可想象的。此外，韩复榘还非常重视教育，他在山东建设学校，对山东大学的建立和发展起到了一定的作用。当然，作为一个旧时代的军阀，韩复榘身上还有很多恶习，比如他肆意干涉司法，草菅人命，这都是不可否认的。据说韩复榘审案时经常带着执法队，他一不问话，二不查阅卷宗，只是用眼神给犯人“相面”，有罪无罪全在他的一念之间。常常一场审理下来，几十或上百的嫌疑犯要么无罪释放，要么立刻枪决，冤假错案也就没少发生。

一次，省政府一位议员派了一个小青年送信给韩复榘，恰好韩复榘正在审案，小青年就在一旁看起了热闹。案件审理完毕后，执法的士兵糊里糊涂地将小青年押上了汽车，送往刑场。小青年吓得大叫说："我叫小道，是来送信的。"韩复榘听到后说："小盗？这次不杀了你，下次就变成大盗了！拉出去毙了。"事后，那名议员带着青年的母亲找来诉苦，韩复榘就以500大洋了结了此事，而类似这样的事情，在韩复榘的治下时有发生。

眼见山东被自己经营得如同一个独立王国，韩复榘越发自得，和蒋介石的矛盾也日益加深。为了拥兵自保，韩复榘将自己手下的部队从一个师扩编为五个师又一个旅，兵力增加到数万人。此外，他还玩起了藏军于民的招数，建立了四支民团武装，其装备、人员编制和正规军一般无二。蒋介石一看韩复榘这架势是要当"山东王"，便开始从经济上钳制韩复榘，原本每月拨给山东的六十万元军费再也不见踪迹，打算饿垮韩复榘的武装。韩复榘也是个暴脾气军阀，心想你老蒋不仁就别怪我老韩不义，他派出部队强行接管了山东的国民党税务机关，将盐税、印花税等财源全部揽入自己手中。当时山东除了韩复榘的第三路军外，还有蒋介石安插进去的刘珍年的第十七军，该部占据着烟台、平度等二十多个县城，自行收取田赋，还有蒋介石的中央拨款，一直是韩复榘的眼中钉、肉中刺。现在和蒋介石撕破了脸，韩复榘也再无顾忌，就以刘珍年策划韩部官兵叛逃为理由，出动数万人马进攻第十七军。蒋介石一看这还了得，急忙调集中央军准备救援刘部。一不做，二不休的韩复榘立刻实行总动员，准备来一场大决战。最终，在多方斡旋之下，蒋介石退让一步，第十七军被调往浙江，韩复榘得以独霸山东。可这并不是双方仇恨的终点，1936年，张学良、杨虎城两位将军发动了“西安事变”，他们扣押了蒋介石，要求其停止内战，一致抗日。这回韩复榘又是第一个通电响应，还暗示张、杨考虑武力解决蒋介石。这个举动让蒋介石终于动了杀机，在日后为韩复榘带来了一场杀身之祸。

与日周旋

1936年底，随着华北局势的恶化，日本人已经取代蒋介石成为韩复榘的头号威胁。山东地理位置特殊，人口众多，资源丰富，是侵略者觊觎已久的省份。自从韩复榘主政山东以来，日本人没有停止过威胁和收买活动，一心想让韩复榘成为己方的傀儡。韩复榘对日本人的图谋心知肚明，他千辛万苦才坐上了土皇帝的位置，绝不可能再去当日本人的“儿皇帝”。另外，韩复榘也知道汉奸不是那么好当的，一旦投靠日本人，那就是遗臭万年的大罪，所以他对日本人的示好既不完全拒绝，也不彻底答应。他一会儿高叫抗日到底，一会儿又镇压反日活动，试图在日本人和蒋介石的势力之间寻找缝隙，保持自己的割据独立。

一次，日本驻济南武官花谷正借请客为名设下美人计，企图引诱韩复榘上钩。韩复榘是酒照喝，菜照吃，女人照抱，可当酒过三巡，菜过五味之后，花谷正刚拿出一份允许日本人在胶济铁路两侧开采矿藏的文件，韩复榘的部下就冲进房间，谎称南京来了重要电报，请韩复榘立即回府。韩复榘随即推开日本女伎，说了声："告辞！"然后拍拍屁股扬长而去，把花谷正气得七窍生烟。可惜日本既然有意吃掉山东，自然不会就这样放过韩复榘。1935年11月，日本天津驻军司令多田骏飞往济南面见韩复榘，威逼利诱让韩参加所谓的冀察鲁自治，韩复榘好不容易才糊弄过去。眼见政治诱降不见效果，日本人着急了，日本军部派特使将驻济南的领事和武官花谷正臭骂一顿，要求他们必须迅速迫使韩复榘就范。酒宴上，双方觥筹交错，眼见韩复榘已经有了几分醉意，花谷正赶紧拿出一份文件对韩复榘说："'华北自治政府'即将组成，希望山东也能加入其中，这份是山东同意加入'华北自治政府'的公告书，请韩主席签署。"醉眼蒙眬的韩复榘听到这句话，当即把手中的酒杯摔在地上，大骂花谷正瞎了狗眼，居然想拉他堂堂的省主席当汉奸。骂完后，韩复榘起身就要离开。花谷正一看软的不行，决定来硬的，随着一声令下，领事馆里埋伏的日本兵蜂拥而出，将韩复榘和他的卫兵团团包围，三八大盖的子弹哗哗上膛，随时准备开火。谁知韩复榘根本不在乎，冷笑着说道："这里是山东，是我韩复榘的地盘，不是华北，也不是满洲。谁敢和我动手，别怪老子不客气！"就在双方紧张对峙的时候，外围的日军士兵跑来向花谷正说领事馆已经被中国军队包围，还架起了重炮准备开火。花谷正这才知道自己踢到了铁板，韩复榘是软硬不吃，武力胁迫是不可能解决问题了。最终，韩复榘扬长而去，花谷正没能完成他的任务。

虽然没有让日本人称心如意，但韩复榘心中明白山东是日军的必攻之地，仅凭他的几万军队很难保住这块地盘，必须寻找外援。南京的蒋介石也听说韩复榘和日本人眉来眼去，生怕在卧榻之侧再出现一个汉奸政府，于是赶紧给韩复榘升官，将韩复榘的第三路军、东北军大将于学忠的第五十一军和海军沈鸿烈的部队编为第三集团军，由韩复榘任总司令，于学忠、沈鸿烈任副总司令，负责指挥山东军事，承担黄河防务。同时蒋介石还下令成立第五战区（辖区包括山东和江苏一部），由韩复榘担任第五战区

1934年，蒋介石（前排左一）来到山东视察，隐居泰山的冯玉祥（前排左二）和山东省主席韩复榘（中间戴白色草帽者）随同而行。

副司令，这些举动让“山东王”暂时放下了猜疑之心，开始准备抗日。

丢失山东

1937年7月7日，日本侵略者制造了“卢沟桥事变”，全面抗战正式爆发。当年十月，日军侵入山东，韩部曹福林的第二十九师、展书堂的第八十一师奉命支援第六战区宋哲元的二十九军。由于都是西北军出身，香火还在，所以尽管韩复榘命令曹、展二人不得主动出击，但韩部的官兵们还是猛冲猛打，连续收复了德州、桑园等地。正当曹、展两位师长要乘胜追击之时，却接到韩复榘的命令，要求他们停止进攻，在十小时内撤回出发地禹城。原来，就在几个小时之前，蒋介石以加强淞沪战场为名，调走了划拨给韩复榘的一个重炮旅。韩复榘得知后气得拍案大骂，他认定蒋介石是要借日本人之手铲除他这个地方势力，因此决定全军后撤，绝不当老蒋的挡箭牌。

韩复榘的撤退令一下，韩部官兵骂声一片，士兵们群情激奋到了极点，纷纷表示军官要是再撤，他们就自己留下来和日本人决一死战。鉴于这种情况，韩复榘的心腹将领、第十二军军长孙桐萱就劝韩复榘先和日军打一仗，韩复榘只好答应。11月初，韩部在临邑、惠民、济阳等地与日军展开激战，由于火力、指挥和战术素质处于下风，韩部伤亡不小，韩复榘本人在济阳突围时险些为日军装甲部队活捉，他扔下自己的手枪旅，骑着摩托车才逃回济南。

脱险之后，韩复榘对孙桐萱等主战将领大发脾气，声称兵都打光了，本钱拼没了，还怎么在山东立足？此战以后，韩复榘下定决心保存实力，绝对不再与日军死拼。12月23日，日军开始强渡黄河，面对日军一千多人的先头部队，韩复榘却命令自己的数万大军不战而退，放弃黄河防线，将济南这个战略要地拱手送给了日本人。时任第五战区司令的李宗仁得知济南失守，非常焦急，他命令韩复榘立即反攻济南，如果反攻不成，就要坚守战略要地泰安。可韩复榘根本不听命令，连续撤出泰安、曲阜、兖州、济宁等广大地区，一路撤退到距离河南边境仅仅几千米的曹县，准备随时放弃山东逃往河南。在短短20天内，由于韩复榘的大撤退，日军连接攻占山东将近一半的地区，行军距离超过200千米，基本没遭遇有组织的抵抗。当时全国舆论一片倒韩之声，李宗仁、冯玉祥等高级将领也纷纷致电蒋介石，要求严惩韩复榘。蒋介石本就对韩有杀心，这下算找到了正大光明的理由。只是韩复榘仍然手握数万重兵，并不好对付。一旦风声泄露，万一韩复榘带兵投靠日本人了，那徐州战局就一发不可收拾了。最终，蒋介石决定以召开军事会议为名，将韩复榘骗到开封，然后再加以处置。

死于非命

1938年1月，蒋介石在开封召开军事会议，明确通知第五、第六战区将领必须参加。韩复榘感觉到气氛不对，就打电话给李宗仁，询问自己是否可以不去。李宗仁已经知道蒋介石要收拾韩复榘，就虚与委蛇地劝说道：“向方啊，你太多心了！委员长脾气虽然大，顶多也就批评你几句，你承认个错误就完了。”韩复榘转念一想，丢城失地的将领又不是自己一个，再说自己还有数万军队，蒋介石应该不敢把他怎么样，这才决定赶赴开封。

1月11日，韩复榘带着他的卫队赶到了开封南关袁家花园礼堂，参加这个北方高级将领会议。韩复榘下车后走到礼堂大门口，几个宪兵就拦住了陪同的孙桐萱和卫兵，以蒋介石有令为由将这些人安置在礼堂外的休息室。韩复榘略有怀疑，可他看到休息室里非常热闹，各位将领的卫兵上百人都在其中聊天攀谈，就打消了疑惑，让部下也前去休息。走到礼堂门口时，几名副官又以安全为由请他交出配枪，韩复榘再次上当，将自己的两把手枪交出。韩复榘刚进去以后没多久，蒋介石就走入会场，还跟韩复榘客套了几句说：“向方啊，我看你发福了，是不是山东的鱼虾把你养胖了？”韩复榘见蒋介石开玩笑，心情顿时放松下来。不久，会议正式开始，接下来发生的事情我们在电影《血战台儿庄》中都曾看到过。蒋介石严厉地说道：“有一个高级将领，放弃山东黄河天险，违抗命令，连续失陷数座大城市，使日寇顺利进入山东，影响极大，危害极大。”韩复榘在座位上听到这段话，如坐针毡。接着，蒋介石又怒喝道：“今天我想问问韩主席，你不发一枪，从山东黄河北岸，一再向后撤退，继而放弃济南、泰安，使后方动摇，这个责任应当由谁承担？”韩复榘也是个臭脾气，立刻从位子上站起来，毫不客气地顶撞说："山东丢失，我有责任，那南京丢失该谁负责任？"蒋介石一向以丢失南京为奇耻大辱，被韩复榘这样一顶撞，顿时气得全身哆嗦，大声说道："我问的是山东，不是南京！南京丢失，自有人负责！"韩复榘还要争辩，旁边的将领刘峙用力拉他坐下，小声地劝说："向方啊，委座正在冒火的时候，你这是何必呢！"这时蒋介石话锋一转，没再提山东问题，转而说起下一阶段在河南省的作战计划。

好不容易熬到会议结束，韩复榘气呼呼地起身要走。这时候旁边的刘峙又拉住他说："向方啊，我们好久没见了，别急着走，跟我聊聊去。我这边有点儿上好的西湖龙井，正好一起尝尝。"这一尝就送掉了韩复榘的性命。韩复榘刚跟随刘峙走出会议厅，就被军统特务围住，将他强行拉上了一辆汽车，接着又用火车将韩复榘送到了武汉。火车抵达汉口后，戴笠指挥特务押着韩复榘直达江岸码头，然后由专轮渡江送解武昌，把他交给了国民党政府军法执行总监部，关押在军事委员会办公厅旁边的一座二层楼上。这时已是1月12日的深夜了。两天之后，文章开头的一幕发生了。

韩复榘被处决后，国民党控制的报纸向全国发布消息，宣布了他的十大罪状。韩复榘的遗体被送往河南、湖北交界的鸡公山安葬。这位显赫一时的省主席、二级上将就此消失在了民国的历史舞台。

“四川王”刘湘

关起蜀道成一统

20世纪二三十年代，中国可能是世界上最“盛产”军阀的国家，那些把控、争夺中央政权的顶级军阀加上盘踞各地、割据一方的地方军阀，数量成百上千，难以统计。而在这一时期的中国，军阀横行的重灾区要算四川，这个有“天府之国”美誉的省份前后出现了武备系、九人团系、速成系、保定系、军官系等数个军阀派别，大小军阀上百。其中占据几十县城的自称军长、总指挥；占据几个县城的也自称师长、旅长，他们之间貌合神离，钩心斗角，年年有大战，月月有冲突，给四川人民带来了深重的灾难。1934年，这些军阀中的一人最终力压众人，被蒋介石任命为四川省主席兼四川“剿匪”总司令，成了名副其实的“四川王”。这个人就是速成系的代表人物刘湘。

初入军旅

刘湘，又名元勋，字甫澄，法号玉宪，1888年7月1日出生于四川大邑县安仁镇。和民国大部分军阀出身贫寒不同，刘湘的家庭颇为富裕，他的祖父刘公敬是清朝的武举人，在当地很有名气。刘湘的父亲刘文刚，也是弓马娴熟，却因为时运不济，始终没有考取功名。当时刘家尚有数十亩水田，刘父就与亲戚开了碾坊，家道还算殷实。刘湘的母亲乐氏育有三子，刘湘是家中的长子。按照中国人的传统习俗，长子一般都是家中重点培养的对象，也是将来顶门立户的希望，所以刘湘从小就接受了较为严格的教育。他儿童时期就读于乡间的私塾，完成了启蒙教育。1904年，刘湘在父亲的督促下考入大邑县立高等小学堂。刘湘从小体格粗壮，上学之余就在家中干农活，小小年纪就能将数十斤的稻米扛到家中的磨坊，绝不是一副文弱书生的样子。

本来，刘湘的长辈希望他考取一个功名，然后光宗耀祖，可时局的变化却打破了这一设想。俗话说，天下未乱蜀先乱，天下已平蜀难平，当时正值清王朝崩溃前夕，四川境内军痞、土匪横行，从小习武的刘湘觉得读书没有前途，反倒是拿枪杆子更能出人头地。很快，刘湘的想法得到了验证。1905年，清政府宣告废除科举，设立文武学堂，编练新军。当时年仅16岁的刘湘，背着父亲偷偷去雅安县城考试，成绩并不出色的他居然被四川武备学堂录取，成了一名学兵。刘湘的父亲对长子去参军并不同意，但拗不过固执的儿子，只得接受了刘湘先斩后奏的行为，还给了儿子一大笔学费。生性好动的刘湘在武备学堂的队伍中混得如鱼得水，不但结交了不少朋友，还得到了教官的好评。第二年四月，刘湘又被选拔进入四川陆军讲习所进修，进行初级军官养成教育的训练。三年之后，刘

在这张照片中，手拿礼帽、身穿西服的男子就是曾经担任过四川省主席的刘湘。刘湘性格内向，深沉含蓄，他多年与蒋介石虚与委蛇，生前始终保持四川的半独立状态。

湘又升入在四川军界享有不错声誉的陆军速成学堂学习。

几年军事学校的经历，让刘湘打下了坚实的军事基础。军校中的教官们认为，刘湘是一个很好的军人，他对上级的命令绝对服从，军事素质过硬，这些都是常人难及的优势。1909年，19岁的刘湘在四川陆军速成学堂毕业，根据惯例，他被分配到建成不久的新军第三十三混成协（旅）第六十五标（团）当了一名实习军官。一年的实习生涯中，刘湘表现优异，于次年被保送到刚刚开办的四川陆军讲武堂深造。这种讲武堂在当时算得上高等的军事院校，像云南的讲武堂就曾培养出大量军事人才，朱德元帅和叶剑英元帅都曾在那里学习。不过四川的讲武堂略显寒酸，仅仅办了一期就因为经费问题停办。刘湘顺利完成了“镀金”，被分配到第十七镇六十八标一营前队担任排长一职，开始了他职业军人的生涯。

被任命为排长以后，刘湘所在部队被派往成都，参与镇压保路同志军的作战。保路同志军都是老百姓组织起来的民众武装，缺乏战斗力，很快被清军扑灭。此战过后，刘湘被提拔为连长。1911年辛亥革命爆发后，刘湘所在的第十七镇改编为第一镇，后又被改编成川军第一师。期间，刘湘的长官、第二营管带杨森试图率部脱离第一师，刘湘联合速成学堂的同学唐式遵绕开杨森，将第二营带回了第一师，这也为后来刘、杨二人的川中大战埋下了伏笔。1913年，四川九人团系的代表人物、同盟会员熊克武在四川发动了“二次革命”，进行武力倒袁，攻击目标就是亲袁的川军第一师。刘湘此时已经出任营长，他拒绝了熊克武的策反，死守驻地泸州，最终挡住了讨袁军的进攻。泸州之战后，一战成名的刘湘被提升为川军第一师第三团团长，奉命调驻重庆。这时的刘湘已经算是川军中的中级军官，而这时他只有23岁，算得上是少年得志。

左右逢源

和很多军官得志后嚣张跋扈不同，刘湘为人低调，他作战时勇猛异常，战斗结束后却默默训练部队，从不表功，所以较得上级信任。此外，刘湘忠厚老实的外表也为他赚了很多印象分。他脸圆额宽，环垠厚唇，因下眼皮久病未愈，被朋友戏称为“刘瞎子”，刘湘却也并不生气。

其实刘湘并不傻，他的低调只是不想招摇而已，这种低调果然也帮了他的大忙。1915年，袁世凯派陈宧进入四川整编川军，基本上就是排除异己的老调重弹。刘湘虽然不是北洋嫡系，但他立过不少战功，平时又深沉内敛，不像是国民党的同情者，最终在上级的斡旋之下，逃过了裁撤的劫难。

1915年年底，护国战争爆发，蔡锷将军率领护国军进入四川，四川顿时大乱，刘湘授命再次守卫泸州。就在此时，川军第二师师长刘存厚突然宣布支持护国运动，出兵攻击泸州，并且命令他在泸州的部队立即发动偷袭。以一团之众要两面迎敌，其中还有连战连捷的护国军，刘湘面临的局势非常凶险。然而绰号"刘莽子"的刘湘却不慌不乱，先是设计将刘存厚部全体缴械，然后用凶猛的反冲击主动攻击护国军。护国军的先头军队被刘湘打了个措手不及，以为刘湘至少有一个旅的兵力，只得向后撤退，刘湘再一次守住了泸州城。此战成了刘湘军旅生涯中的经典战役之一，袁世凯对此大为满意，将刘湘提拔为陆军第十五师步兵第二十九旅旅长，陆军少将军衔，并授予三等嘉禾章一枚。

尽管得到了重赏，但刘湘并没有被胜利冲昏头脑，眼见各地军阀纷纷以护国反袁的名义独立，甚至连陈宧这样的袁氏心腹都改弦更张，他知道自己不能再为袁世凯卖命了。不久，护国军再次进攻泸州，刘湘率领全旅撤退，让出了泸州城。此后的几年中，刘湘左右逢源，时而与其他川军将领联合自保，时而靠向北京政府，很快升职为中将师长。1918年1月，四川靖国战争爆发。刘湘眼见四川靖国军总司令熊克武一派实力较强，见风使舵的他立刻投向靖国军，熊克武任命他为川军第二师师长。当时川军仅有七个师，刘湘已经成为川军中举足轻重的人物了。

熊克武戎装照

熊克武，字锦帆，四川井研县人，1905年在东京加入同盟会，曾跟随黄兴参加广州起义。在20世纪初的讨袁战争和四川内战中，熊克武历任四川讨袁军总司令、四川靖国军总司令等职务。1949年12月，熊克武与刘文辉等人策动了川西起义。

刘湘的第二师奉命驻守永川、荣昌、铜梁、大足、璧山、合川、武胜七县，设师部于合川，这样刘湘第一次有了自己的地盘，可以自立为王了。他在合川大肆招兵买马，将部队扩编到三个旅两万余人。刘湘邀请老同学进入他的部队担任军官，同时还举办军事传习队和军官传习所，培养了一批嫡系军官。此后的数年中，刘湘始终在四川军阀混战的泥潭中游刃有余，他不时地倒向一方，背叛一方，时机把握之精准已经算是老辣的军人政客了。1918年7月，他被熊克武任命为四川第二军军长。次年二月，刘湘在熊克武的支持下击溃四川头号军阀刘存厚，刘存厚被迫下野，刘湘正式成为四川军阀速成系中的首脑人物，麾下的兵马也扩充到八万余人。不过刘湘的内战生涯的高潮阶段还未到来，他马上就要迎来两个劲敌——杨森和刘文辉。

击败杨森

经过了数年内战，1925年四川军阀杨森异军突起，成为四川省内最强大的军阀。1924年5月，北洋政府任命杨森为四川军务督办，有了所谓“中央委派”的名义，杨森开始着手一统四川。他开办军校，大力培训下级军官；委派部下王兆奎兼任四川省团务督办，训练所控制的地方武装；还建立了四川兵工厂，日夜赶造枪支弹药。至于四川军阀们都非常头疼的军费问题，杨森也有了解决办法，他派兵强行夺取了自流井盐税，这可是一个聚宝盆，每年能提供近千万的收入，一向是让军阀们眼红的所在。

当年六月，杨森在成都召开了出征大会，会上向所部官兵许诺：统一四川后，提高官兵待遇，参加作战者一律升官。之后，杨森分兵五路，向省内其他派系军阀全面进攻。此时杨森部已经非同小可，真是所向披靡，仅用两个月的时间，就占领了四川七十二个县城，控制了大半个四川。杨森的部队和听命他的军阀部队加起来有近二十个师、十多个混成旅，总兵力十万多人，占据了压倒性优势。而此时的刘湘则是连吃败仗，部队已经锐减到了三万多人，地盘也丢掉了一半。按照常理来说，双方兵力如此悬殊，刘湘根本没有获胜的机会。可军阀混战并不是单独比拼军事实力，政治嗅觉和人脉关系也非常重要。刘湘知道杨森已经成为川内各派系共同的敌人，就极力联络刘成勋、刘文辉、赖心辉等实力派军阀。这几个军阀纷纷被刘湘说动，组成了一个“三刘一赖”的反杨联盟，总兵力增加到六七万人。刘湘还不满足，又向贵州军阀袁祖铭求援，组成了所谓的“川黔联军”，总兵力又扩充到八万余人。

有了充足的兵力，刘湘开始谋划对敌作战。他认为杨森所部实力虽强，但士兵素质不高，抽大烟的太多，土匪改编的军队也太多，只要首战打掉杨森的士气，取胜就并非难事。7月，刘湘组织的联军和杨森的部队展开激战，刘湘以一部诈败诱敌，将杨森的先头部队王兆奎师诱入了己方的埋伏圈，再以优势兵力加以歼灭。果然，杨森部初战失利，士气大为低落。刘湘抓住时机，对杨森发动全线进攻。就在杨森苦苦支撑的时候，他的铁杆部下王瓒绪又

安仁古镇川军抗战馆中的抗战烈士照片

在整个抗日战争中，一共有350万川军出川抗战，其中有64万人伤亡。在出川抗战的6名中将中，有4名壮烈殉国。

被刘湘策反，这下杨森彻底失去了翻盘的机会，被迫退守嘉定。看着手下的残兵败将，杨森知道大势已去，就向刘湘求和。刘湘哪里肯放过这个机会，一面挥军猛攻，一面要求杨森必须交出全部军队，离开四川。在走投无路的情况下，杨森只好接受刘湘提出的解除兵权的条件，表示愿意只身出川“游历”。11月1日，杨森乘船离开四川，前往武汉。击溃杨森以后，刘湘开始对昔日的盟友下手，先是迫使袁祖铭的黔军退回贵州，然后再一个个地收拾赖心辉等人，为独霸四川做准备。

二刘之战

1926年，广东国民政府誓师北伐，刘湘宣布接受广东国民政府改编，他被任命为国民革命军第二十一军军长。其实刘湘选择广东政府倒也不是有心革命，而是他的老对手杨森一直是北洋政府的代言人，和直系军阀吴佩孚关系莫逆，本着敌人的敌人就是朋友的原则，刘湘才做了上面的选择。1927年4月，蒋介石发动了“四一二”大屠杀，进行所谓“反共清党”，刘湘再次表示拥护，被蒋任命为第五路军总指挥。1932年6月4日，南京国民政府又任命刘湘为第七路军总指挥，下辖六个师，总兵力十一万人。就在这时，意图统一全川的刘湘又遇到了一个强大的敌人，也是他的族叔、保定系军阀的代表人物刘文辉。

刘文辉，号自乾，也是四川大邑人，按照家族谱系还是刘湘的幺爸（族叔）。刘文辉毕业于保定陆军军官学校，和川内的军阀邓锡侯、田颂尧等人是同学。从保定军校毕业后，刘文辉先后在刘存厚、刘湘等人手下任职，他在夹缝中求发展，很快就自立一方。在刘湘与杨森的交战中，刘文辉出力甚多，收益也不小，不但接管了杨森的川东地盘，还得到了四川军务帮办的职务。到20世纪30年代初，刘文辉已经下辖十多万军队，拥有地盘七十多个县，实力和刘湘不相上下。俗话说一山不容二虎，为了争夺“四川王”的交椅，这对叔侄都开始扩军备战。1931年，刘文辉斥巨资从英、日等国购进大批军火，结果军火从水路运经四川万县时被刘湘扣留，刘文辉多次向刘湘索要，刘湘都不予理睬。为了报复刘湘，刘文辉采用了分化收买的策略，暗中馈赠刘湘部下的师长范绍增、陈兰亭数十万大洋。可没想到有“哈儿师长”之称的范绍增如实向刘湘做了汇报，老谋深算的刘湘也不含糊，一面将贪图富贵、隐匿情报的陈兰亭撤职关押，一面大手一挥，将大洋全部赏给了告发有功的范绍增。刘文辉一计不成，又生一计，利用哥老会的关系，派出杀手去暗杀刘湘。可这毕竟已经不是冷兵器时代，在数万大军之中暗杀一军之长谈何容易，刘文辉派出的刺客功败垂成，还被刘湘的部下活捉。这回刘湘勃然大怒，收买手下还是夺权，这刺客暗杀是要命啊，太不守军阀之间的规矩了！1932年10月，刘湘所部全线出动，四川的二刘大战正式开幕。

战斗刚一开始，刘湘出师不利，不但被刘文辉逼得连连后退，连依附于刘湘的李家珏、罗泽洲等人也被刘文辉痛击，刘湘一时陷入危局。可就在这个顺风顺水的时候，刘文辉出了败招，他不顾和刘湘等人作战的现实，竟然分兵向对他有怨言的邓锡侯、田颂尧、杨森等川中实力派进攻，摆出了一副一统四川的架势，这就把全四川的军阀都推到了刘湘一边。这样的大礼刘湘怎能不笑纳，他一面用重金收买刘文辉部下倒戈，一面联合邓锡侯、田颂尧、杨森、李家钰、罗泽洲、刘存厚等人共同对付刘文辉。这下刘文辉可扛不住了，第二年5月，刘文辉伤亡惨重，不得不放弃成都向西康地区撤退。不过刘湘并没有赶尽杀绝，

刘文辉与家人的合影

他认为刘文辉已经溃败，不会给他构成太大威胁，不如留着刘文辉来牵制杨森和邓锡侯。于是，刘湘下令停止追击，还向蒋介石保举刘文辉为西康省主席。击溃刘文辉以后，刘湘的兵力暴增到12万人，已经控制了四川大部分地区，成为毫无疑问的“四川王”了。1935年12月，南京国民政府任命刘湘为四川省主席。

病逝成都

刘湘好不容易“统一”四川，却又面临着新的对手。1933年，红四方面军在国民党中央军的围攻下，从鄂豫皖苏区突围，经长距离行军进入了四川，在四川和陕西交界处建立了川陕根据地。作为旧军阀的代表，刘湘在四川一贯执行反共政策。早在1927年3月，重庆市民两万余人为抗议英美军舰炮击南京，曾在打枪坝举行集会。刘湘在蒋介石的授意下，派出军队冲击集会，当场就打死打伤群众上千人，制造了震惊全国的“三三一”惨案，共产党员杨闇公等人就是惨死在刘湘所部的屠刀之下。现在红军进入四川，刘湘自然不会冷眼旁观，他纠集邓锡侯、田颂尧、李家钰、杨森、王陵基、刘邦俊等人对红军发动了所谓“六路围攻”。尽管刘湘有蒋介石的大力支持，兵力和武器也优于红军，但他的联盟内部矛盾重重，大小军阀彼此并不信任，作战时更是发扬了“死道友不死贫道”的精神，这次历时十个月的围剿最终以失败告终，刘湘损失数万人马，元气大伤。

1934年10月，中央红军从江西苏区出发，经过广东，湖南，贵州以后，前锋逼近了川南地区，准备从这里渡江进入四川，而跟随在红军身后的就是蒋介石中央军九万多人。刘湘在蒋介石的直接指挥下，采取了“北守南攻”的战术。1935年1月，刘湘派遣爱将郭勋祺率领川军最精锐的教导师和模范师，在贵州土城、松坎一线阻击红军，暂时阻挡红军进入四川的步伐。为了保存革命力量，中央红军战略性地转移进入云南，渡过金沙江，然后进入四川境内的大渡河一线。蒋介石当时严令刘湘出兵拦截，刘湘认为蒋介石的目的就是想让川军和红军火拼，然后借机解决川军，所以他对蒋介石的命令阳奉阴违，基本没有再和红军作战。

这时蒋介石对刘湘已经产生了杀心，1935年，蒋介石派贺国光率参谋团进入重庆。不久，参谋团改称为重庆行营，全面负责川、滇、黔、康西南各省的政治、军事、经济大事。这时驻扎在四川的中央军已经达到十几万人，杨森等实力派军阀又态度暧昧，刘湘逐渐失去了对四川的控制权。当年二月，刘湘在蒋介石及其参谋团的直接干预和控制下，开始统一四川的军政大权，最大的举措就是取消了防区制。这个防区制实际上就是四川军阀反对全省统一，确保自己地盘和势力的一种割据手段，军阀们在各自的防区内将军、政、财权合一，附加征收甚至预先征收各种苛捐杂税，给四川人民带来了深重的灾难。取消防区制，其实就是抓住了四川军阀们的命门，让他们失去了原有的经费来源。接着，蒋介石又宣布在四川裁军，川军部队被裁撤掉三分之二。刘湘虽然知道这是蒋介石的削藩之举，但在实力不如人且国难当头的情况下，他也只能顺应历史的潮流。

1936年12月12日，张学良、杨虎城两位将军发动了西安事变。事变发生后，全国支持张、杨的地方势力并不太多，只有山东的韩复榘，广西的李宗仁、白崇禧，广东的李济深和四川的刘湘，这也让蒋介石对刘湘十分不满。1937年“卢沟桥事变”爆发后，刘湘公开支持抗战，表示四川可以出兵30万，供给壮丁500万和大批粮食以支持抗战，这为他赢得了一定的声誉。不久，蒋介石任命刘湘为第七战区司令官、第二十三集团军总司令，让他率领川军出川作战。这时刘湘已经患有严重的胃溃疡，体力、精力都已经无法指挥军队作战，但刘湘仍然坚持赶赴了南京。当时有部下劝他以身体为重，刘湘却说：“过去多少年都是在四川打内战，脸上实在不光彩，今天枪口对外，正好为国家效命，借以洗刷自己的污点，岂能在后方苟安？”1937年11月23日刘湘在视察正要赶赴上海作战的川军时，胃病突然发作，大口吐血，在昏迷中被护送至芜湖医院。28日，又被转送汉口万国医院就医。次年1月20日，刘湘在汉口病逝。

客观地说，刘湘的人格是复杂的。他一面是爱国的抗日将领；而他的另一面，则是心狠手辣的反动军阀，他的身上浓缩了旧中国军阀的共同特点，这是不容否认的。

第二章

名士与名媛

杨度

帝王术的最后传人

1916年6月6日，做了83天皇帝，众叛亲离的袁世凯已经走到了生命的尽头。在最后一刻，袁世凯用尽力气大叫三声："是他误了我！是他误了我！是他误了我！"随后气绝身亡。这三声喊话吓坏了正在屋外等待的一个书生。这个面目清秀的书生跌跌撞撞地冲出袁府大门去，身后则是袁世凯孩子们的一片痛骂之声。一个袁世凯老家的亲戚奇怪地问袁世凯身边的卫士："大老爷最后说的他是谁啊？刚刚跑出去的那个书生又是谁啊？你们骂的又是谁呢？"卫士咬牙切齿地说："还有谁，就是该千刀万剐的杨度。不是他煽动老帅称帝，我们怎么落到这种地步！"袁世凯这个民国最大的枭雄，一辈子斗败了无数的敌人，又怎么会被别人所误呢？而且这个人还是一个叫作杨度的书生。

帝王之术

杨度原名承瓒，字皙子，后改名度，别号虎公、虎禅，又号虎禅师、虎头陀、释虎，1874年生于湖南湘潭姜畲石塘村。杨度家里是一个普通的农民家庭，代代务农为生，家境清贫。到了杨度祖父一代，有了一些转机。

当时已经是咸丰皇帝在位时期，清政府的八旗兵和绿营兵都腐败不堪，只能依靠民团、乡勇对抗太平军。杨度的祖父杨礼堂带着大儿子杨瑞生参加了曾国藩的湘军，杨礼堂因为作战勇敢，屡立战功，一路做到正四品都司衔。可惜好景不长，在三河战役中湘军惨败，杨礼堂阵前被杀，杨瑞生侥幸逃脱。湘军高层为了奖励战死的杨礼堂，对他的儿子杨瑞生大加提拔，最终给予了后者总兵的职务。

不过，杨度的父亲却不是杨瑞生，而是杨瑞生的四弟杨懿生。杨懿生是一个普通的农民，业余时间做吹鼓手，赚几个小钱，但他的儿子杨度却并不同于其父。杨度自幼聪颖过人，读书识字过目不忘，被人称为“神童”。杨度10岁的时候，父亲杨懿生就去世了，杨度连同弟弟妹妹一起被过继给大

杨度

1903年10月，杨度在日本横滨与梁启超会面，为了回应前者的《少年中国说》，杨度写下了《湖南少年歌》，其中有“若道中华国果亡，除非湖南人尽死”的语句。

伯杨瑞生。杨瑞生当时还是总兵，家境富裕，又是相同的血脉，对杨度兄妹几人非常照顾。而杨度兄妹也非常争气，杨度的弟弟杨钧擅长诗书，妹妹杨庄也擅长诗文。至于杨度就更厉害了，天生的聪明加上后天的严格培养，杨度的年轻时期还是很风光的。

1892年，18岁的杨度考中秀才，一年后又考取顺天府乡试举人。1895年，杨度去北京会试期间恰逢"公车上书"，他也参加了这个政治运动，并认识了后来大名鼎鼎、搅动民国风云的几位人物——梁启超、袁世凯、徐世昌等，建立了一个自己的人际网络。回到老家湖南以后，杨度已经21岁。他以举人的身份拜在衡阳第一大儒王闿运门下（大画家齐白石也是王闿运的弟子）。王闿运饱读诗书，却并非传统儒生，他性格独特，一生醉心于所谓的帝王之术。什么是帝王之术呢？其实就是封建时代的一种权力斗争手段。帝王之术就是通过各种手段有效控制臣下，让臣下为他们卖命，再让臣下去控制人民，由此控制整个国家。杨度在其门下学习了整整三年，最喜爱的就是王闿运的帝王之术，可以说这段学习对杨度一生有着巨大意义。通过帝王之术的学习，聪明的杨度已经有了很大的野心，不过杨度有一点比很多人要好，就是他对自己还是有自知之明的。他认为自己好谋无断，不适合做一把手，顶多做做军师一类的人物。所以，他在当时就下定决心，一定要找一个所谓的"明君"，然后用自己所学的帝王之术来辅佐他，成就功业。

东渡留学

当时清王朝已经日薄西山，传统的科举制度也日渐衰败，杨度见新知识、新思想已经是大势所趋，就放弃了传统的儒学，开始转学新学，为将来积蓄学术上的资本。1897年，王先谦在长沙兴办时务学堂，杨度加入其中，借机认识了谭嗣同、熊希龄、唐才常等人，建立了新的关系网。不久，留学之风在中国兴起，甚至出现了所谓“西洋镀金东洋镀银”的说法，杨度再次心动。1902年，他瞒着老师王闿运自费留学日本。不过杨度在日本过得并不如意，第二年他就回到国内，在老师的介绍下认识了清朝大臣张之洞，并得到赏识。1903年，杨度被保荐入京参加新开的经济特科进士考试，获得了第二名的优秀成绩。杨度成绩虽好，运气却不好。清政府怀疑他有革命的倾向，没有给他任何官职，杨度非常失意，再次回到日本求学。在这段时间里，长袖善舞的杨度广交朋友，很快认识了孙中山、汪精卫等人，并在1905年当选为留日学生总会干事长。

1905年，日本文部省颁布公然歧视中国人的《取缔清韩留日学生规则》，并攻击中国留学生“放纵卑劣”。留日中国学生立即组织起来，进行抗议活动，杨度的同乡陈天华甚至愤然蹈海自尽以示抗议。而作为留日中国学生领导人之一的杨度却不赞成进行大规模的抗议，主张妥协退让，甚至连公开的声明也不让发，为此杨度被很多留学生所攻击，认为杨度趋炎附势，不配成为学生领袖。

1906年，眼见自己的统治愈加动摇，清政府开始进行所谓的“预备立宪”，宣布要将国体向君主立宪的体制变革。其实清政府如果要想立宪，早就立了，也不可能杀了谭嗣同，现在再来这一套，只是为了维持统治罢了。当时杨度不是立宪派的一员，但他听说清政府正在大肆鼓吹立宪，就立刻向立宪派靠拢，写下了两篇名为《中国宪政大纲应吸收东西各国之所长》和《实行宪政程序》的文章。这两篇文章让清政府如获至宝，开始在国内大肆传播，杨度也名声大噪。其实这是杨度是为了博取政治上的利益，搞的帝王之术罢了。

1907年，立宪派在东京创立了《中国新报》，杨度担任总编辑。他这时已经和同盟会这样的革命组织划清界限，大肆宣扬立宪的好处。此后，杨度还回到湖南，召集一批人起草《湖南全体人民民选议院请愿书》，通过民间舆论为清政府立宪造势。经过一番“努力”，杨度果然获得了不小的好处。次年春天，袁世凯和张之洞联合举荐杨度，说他“精通宪法，才堪大用”，杨度被任命为宪政编查馆提调，官衔四品。1911年，清政府成立所谓“皇族内阁”，杨度因为马屁拍得好，被任命为统计局局长，成了中央一级的高级官员。可没等杨度局长的位置坐稳，辛亥革命就爆发了，清政府彻底垮台。心思灵动的杨度立刻投奔了袁世凯，在其手下当了一名幕僚。在袁世凯与南京临时政府的南北谈判期间，杨度来回奔走，用他的口才和人际关系为袁世凯捞取好处，立下了不少功劳。

称帝迷梦

1912年春天，袁世凯就任“中华民国”临时大总统，水涨船高的杨度也出任了参政院参政、政治会议议员等职务。然而杨度并没有觉得这是自己人生的顶点，他在与袁世凯的交往中，揣测出袁有做皇帝的野心。杨度认为，如果自己成为推动袁世凯称帝的第一人，获得的政治回报绝对不小，这是一笔划算的投机。只是到底什么时候开始推动，还需要仔细斟酌。1913年3月，国民党领袖宋教仁遭到暗杀。7月，北洋军又镇压了国民党的“二次革命”，国民党控制的江西、江苏、安徽等省都被北洋军攻陷，孙中山、黄兴、陈其美等国民党领袖被迫流亡日本。眼见异己已被扫除，袁世凯变得志得意满，他在1914年正式下令解散国会，废止《中华民国临时约法》。杨度认为时机已经到了，开始在袁世凯身边鼓吹称帝。

1915年4月，杨度发表了《君宪救国论》一文，宣称“共和不适用于中国，只有君主专制才能让中国强盛”。这篇文章句句都说到了袁世凯心窝里，袁世凯大赞杨度说的都是“至理名言”。几个月后，杨度组建了筹安会，自任理事长，主张君主立宪，为袁世凯称帝鼓吹。为了制造舆论，杨度一手策划了所谓“乞丐请愿团”“妓女请愿团”“人力车夫请愿团”等滑稽的组织，这林林总总的演出成了中国近代史上的著名闹剧，而杨度就是闹剧的总导演。袁世凯见杨度搞得如此热闹，自然非常高兴，不但授予其“二等嘉禾勋章”，还亲笔题写了“旷代逸才”的匾额送给杨度。

1915年12月12日，袁世凯正式称帝，宣布1916年更改为“洪宪元年”，“中华民国”改为“中华帝国”。一时间，举国哗然，人们纷纷攻击袁世凯为了一己私欲开历史的倒车，连一向主张立宪的梁启超也发表了《异哉所谓国体问题者》，拆穿袁世凯的阴谋。作为袁世凯称帝最大的帮凶，杨度也成了千夫所指的人物，舆论称他是“袁世凯的文化走狗”，连他老家湖南的乡亲们也骂他无耻，好友纷纷宣布跟他断交。1915年12月，蔡锷将军率领护国军在云南宣布武力讨袁，此后南方多个省份相继响应。北洋军中的实力派人物段祺瑞、冯国璋等人按兵不动，坐看事态发展。而张敬尧之流为袁世凯卖命的北洋军，由于士气低落，军无斗志，先后在川南、湘西被护国军击败。眼见形势如此不利，北洋军内部出现严重分裂。陆军总长段祺瑞躲在幕后指挥，由江苏将军冯国璋、江西将军李纯、浙江将军朱瑞、山东将军靳云鹏、湖南将军汤芗铭联合发出通电，要求袁世凯取消帝制、惩办祸首。袁世凯在惶恐之下，于1916年3月22日宣布取消帝制。两个多月后，袁世凯在惊怒交加之下病死。临死前，袁世凯对撺掇他称帝的杨度极为不满，于是出现了本文开篇的一幕。

隐居和转向

袁世凯死后，黎元洪继任总统，他上台后做的第一件事就是发布“惩办通缉帝制祸首令”，杨度列第一名。此时杨度的投机完全失败，声名扫地，根本无法在中国社会立足。他心灰意冷，加上为了躲避通缉令，随后宣布遁入空门，在天津、青岛等地的租界闭门学佛。此时立宪派在中国已经没有市场，所谓遁入空门的杨度也认为立宪没有前途，转而赞成共和。1917年张勋复辟，邀请杨度入京，被袁世凯复辟搞得身败名裂的杨度不敢再参与这种事情，没有接受。1922年，陈炯明叛乱，杨度受孙中山委托，通过夏寿田游说曹锟（夏寿田此时是曹的秘书），制止吴佩孚援助陈炯明，帮助孙中山度过了危机。1922年，杨度在上海加入了中国国民党。

然而这并不是杨度政治生命的最后一次选择。他在北京结识了一些共产党人，对马克思主义有了初

袁世凯画像

由于袁世凯死时仍旧是在职的总统，所以黎元洪在继任总统后还以在职国家元首的规格给他治丧，设立“恭办丧礼处”，以曹汝霖、王揖唐、周自齐三人承办大典丧礼，黎元洪、徐世昌、段祺瑞三人总负责。

步的了解。1927年，奉系军阀张作霖的安福系政府派出军警抓捕李大钊，杨度还曾经设法营救，他找到曾任北洋政府司法总长的章士钊要求帮忙，还卖掉了自己的住宅，所得款项全部用来疏通关系，可惜最后仍然功败垂成。1928年，已经53岁的杨度迁居上海，在上海青帮头目杜月笙的门下当了一名清客，同时还卖卖字画。杜月笙自己没有多少文化，却对有文化的人很重视，他对杨度相当尊重，不断赠钱赠物，杨度在当时法租界住的洋房就是杜月笙的产业。

在这段时间，杨度秘密地为共产党提供过不少情报。1929年秋，在白色恐怖最厉害的时候，杨度居然申请加入中国共产党，最终由潘汉年介绍，周恩来批准，秘密完成了入党仪式。由于地下工作的特殊性，杨度到底提供了哪些情报，掩护了哪些人物，今天的人们已经无法知道，但这确实是一个难得的转变。据说当时曾有朋友讥讽杨度一辈子投机，到老了也不肯改变，杨度生气地反驳道："现在白色恐怖，随时可能掉脑袋，哪里谈得上投机呢？"1975年冬，周恩来总理在去世前特别提到了杨度晚年参加共产党，指示有关部门应该公正评价杨度的一生。

1931年9月17日，患有严重肺病、胃病的杨度在上海租界因病去世，弥留之际，他曾自撰挽联一副，来评价自己的一生："帝道真知，如今都成过去事；匡民救国，继起自有后来人。"

蔡元培

二十四次辞职的校长

民国历史上有一个著名的校长，他一生辞职无数次，其中有明确记载的就有二十四次之多。1919年6月15日，这个校长再次宣布辞职，并且发布《不愿再任北京大学校长的宣言》，毫不客气地质问北洋政府说："我绝对不能再做不自由的大学校长。思想自由，是世界大学的通例。北京大学，向来受旧思想的拘束，是很不自由的。我进去了，想稍稍开点风气，请了几个有点儿新思想的人，提倡点儿新的学理，发布点儿新的印刷品，用世界的新思想来比较，用我的理想来批评，还算是半新的……现在教育部来干涉了，国务院来干涉了，甚而什么参议院也来干涉了，世界有这种不自由的大学吗？还要我去充当这种大学的校长吗？"敢于这样气势汹汹质问教育部、国务院的校长不是别人，正是民国历史上著名的教育家、曾任北京大学校长的蔡元培！

思想转变

蔡元培，字鹤卿，又字仲申、民友、孑民，1868年1月11日生于浙江绍兴山阴县。蔡家相当富裕，蔡元培的祖父蔡嘉谟是当地著名的商人，他的长子也就是蔡元培的父亲蔡光普是钱庄的经理。蔡光普性格善良，待人温和，他有七个孩子，蔡元培排行第四。蔡元培从小受到了良好的传统教育，他6岁进入私塾，学习《百家姓》《千字文》等启蒙书籍。11岁的时候，蔡元培的父亲不幸去世，好在蔡氏家族很大，六叔蔡铭恩负责指导他学习，蔡元培很快就熟读四书五经，打下了扎实的古文基础。

1883年，15岁的蔡元培考取了清朝的秀才。第二年，蔡元培开馆收徒教书，同时准备继续进学。1889年，21岁的蔡元培赶赴杭州参加乡试，考中了举人。这一年，蔡元培迎娶了他的第一位夫人王昭。第二年，他前往北京参加会试，再中进士，顺利进入翰林院担任了庶吉士的官职。身居清要的职位，名声又响彻京城，按说新任翰林应该对生活感到惬意，可身处一个腐败无能的朝廷之中，满腔爱国热情的蔡元培深感

蔡元培肖像画

2011年10月8日，在辛亥革命100周年纪念之际，武昌辛亥革命纪念馆推出辛亥人物肖像画展，其中包括孙中山、黄兴、蔡元培等历史人物。

报国无门的苦恼。1894年，甲午战争爆发，腐败的清王朝战败，于1895年签署了丧权辱国的《马关条约》。蔡元培对此悲愤交加，他逐渐摆脱传统思想的束缚，开始接触西方的民主思想。之后，康有为、梁启超等维新派人士开始鼓动光绪帝变法维新，蔡元培对此也非常支持。可百日维新很快失败，清政府还杀害了蔡元培非常钦佩的维新志士谭嗣同。蔡元培看透了色厉内荏的清政府，他毅然辞官南下，回到绍兴老家，担任了绍兴中西学堂的校长，创办新式教育。然而该所学校中守旧派势力不小，他们对蔡元培的改革妄加干涉，蔡元培对此无法忍受，愤然辞职。

再婚与留学

1901年7月，蔡元培奔赴上海，出任南洋公学（上海交通大学前身）的教师。这时蔡元培的妻子王昭已经因病去世，很多人都劝刚刚33岁的蔡元培续弦，以照顾他的起居生活。不知为何，这个事情传了出去，大批的媒人跑到蔡元培的住所，都想为声名在外的蔡元培保媒。不堪骚扰的蔡元培就在门口贴出了一个娶妻标准。这个标准一共包括五点：第一是不缠足的女性；第二是识字的；第三是男子不得娶妾、不能娶姨太太；第四，如果丈夫先死那么妻子可以改嫁；第五，意见不合可以离婚。这五点在当时来说有些惊世骇俗，说媒的人几乎全部吓跑了。可上海毕竟不是一般的小城镇，最不缺乏有学识的女子，其中江西名士黄尔轩的女儿黄仲玉就为这五点标准所吸引，两人在朋友撮合下很快结婚。1902年元旦，蔡元培在杭州举办了他的第二次婚礼。这次婚礼不再是传统的中国式婚礼，而是中西合璧，这也体现了蔡元培思想的转变。

婚后不久，蔡元培去日本游历。目睹日本在新式教育以后，全国已经出现锐意进取的势头，蔡元培大感震惊，他认为中日最大的差距就是在教育上，更深感清政府愚民政策的毒害之大。他回国后开始公开谈论革命，并和陶成章一起在上海建立了光复会，被推为会长，密谋发动武装起义。1904年日俄战争期间，蔡元培剪掉了辫子、脱下长袍，与年轻学生一起搞起了军事训练，甚至传授给学生们暗杀的知识，希望用起义和暗杀来摧毁腐败的政权。1905年8月，同盟会在日本东京成立，蔡元培经人介绍又加入了同盟会。1907年5月，在驻德公使孙宝琦的帮助下，蔡元培前往德国留学，就读于著名的莱比锡大学，前后学习了四年之久。蔡元培此次留德是完全自费的行为，再加上上海的妻儿也靠他养活，所以他留学期间打了多份零工，不但给人当家庭教师，还为国内的商务印书馆编写教材，翻译德文著作，日子过得相当艰苦。可就是在这样紧张而忙碌的氛围中，他从一个只读四书五经的旧式知识分子转变成了一个通晓西方教育精髓的教育者。

为教育而努力

1911年辛亥革命爆发后，应同盟会同志、上海都督陈其美的邀请，蔡元培取道西伯利亚返回上海。1912年1月，

45岁的蔡元培被任命为南京临时政府的教育总长。此时蔡元培的主张改变传统儒家教育，实行新式教育改革，将国民教育、实利教育、公民道德教育、世界观教育和美感教育作为基本内容。可以说，当时蔡元培是雄心勃勃的，他准备了一整套改革计划。可遗憾的是，他没有施展拳脚的机会，南京临时政府很快就宣布解散，袁世凯窃取了辛亥革命的成果。为了粉饰民主，北洋政府仍然任命蔡元培为教育总长。在任期间，蔡元培精简人员，消除陋习，让整个教育部成了政府中最具生气的部门。然而随着袁世凯独揽大权，内阁中的国民党籍人员日益受到排挤，蔡元培就主动辞去了教育总长的职务。袁世凯为了笼络人心当面挽留他，还假惺惺地说："我代表四万万人坚留总长。"蔡元培则坚定地回应说："元培也向四万万人之代表辞职"。袁世凯见其去意已决，只好同意。

1912年，蔡元培带着家眷再次前往德国留学。第二年3月，国民党领袖人物宋教仁遭到暗杀，蔡元培非常愤怒，全力支持孙中山发动"二次革命"。"二次革命"失败后，蔡元培又前往法国考察。在法国期间，蔡元培和法国的进步人士组织了华法教育会，组织国内的有志青年前往法国以半工半读的方式留学。这个活动对后来的中国历史产生了不小的影响，很多青年正是通过这个活动才得以前往法国，在那里接受了马克思主义思想，回国后又投入到了轰轰烈烈的大革命浪潮之中，周恩来、邓小平、陈毅就是其中的代表人物。

改组北大

1916年袁世凯病死，称帝闹剧结束，蔡元培接受北洋政府教育总长范源濂的邀请回国，出任北京大学校长，当时他已经49岁了。北京大学的前身是京师大学堂，成立于1898年。民国成立后，京师大学堂又改称北京大学，学生数量增加到1500人。在京师大学堂时代，受清王朝教育腐败的影响，学校教育水平极差，很多老师是开后门进来的，就为拿一份国家给的薪水，上课时先发给学生一些印好的材料，然后照着读一遍就宣布下课，学生们根本学不到有用的知识。这还不算，学校风气也很不堪，每当放学以后，都有大量学校老师直接“杀向”八大胡同，在里面喝酒闹事，经常大打出手，这些都成为一时的笑谈。当时妓女们都称“两院一堂”是最好的主顾，这里的两院指的就是北洋政府的参、众两院，“一堂”指的就是京师大学堂。由于学校官僚习气太重，腐败问题难以解决，只能连续更换校长，蔡元培是作为“扛炸药包的勇士”被派去的。

蔡元培赴任之前，一些友人认为北大的问题难以解决，如赴任有碍名望，都劝他不要去。而孙中山却劝蔡元培迎难而上，将民主思想带到北洋军阀的心脏。蔡元培听从了孙中山的建议，毅然前往北大上任。蔡元培到任的第一天，就用实际行动给师生们上了一堂生动的课。当时全校所有的校工们都在学校门口向新校长表示欢迎，蔡元培当场脱帽，鞠躬向校工们还礼，这一举动震惊了在场的师生，大家这才明白平等待人原来要从小事做起。此后，蔡元培大刀阔斧地进行改革，他改变了北大领导体制和学科、学制设置，创办科研机构，倡导平民教育，首行男女同校。蔡元培认为首先需要改变的是学生的求学观念和老师的教育观念。他读过四书五经，知道传统儒家读书人求学就是为了做官，做官以后好贪污腐败，名利双收。而民国初年大部分学生读书的目的，也就是为了做官。他努力改变学生们的这种旧观念，教育学生应当以学术研究为重，不能将神圣的大学视为升官发财的阶梯。他还要求学生们要努力提高道德修养，完善自己的人格，做一个对国家、社会、家庭都有益的人，不能成为金钱和权力的奴隶。

引进人才

进行完思想道德方面的“软件升级”后，蔡元培又开始提升北大的“硬件”。他认为学校水平如何，很大程度上取决于老师的水平，因此必须将国内最好的教师引入北大。可问题又来了，当时的中国正处于剧变的时代，各种思想、理论层出不穷，老师中既有倾向民主革命的新派人物，也有抱残守缺的旧式文人，到底引进什么倾向的人才在北大高层形成了争论。最后还是蔡元培拍板：北大一切以学术为主，政治倾向没有关系，不影响教学。只要是具有真才实学，教学热心，有研究学问的兴趣和能力的学者，则不管国籍、资格、年龄、思想倾向，全部加以聘用。这样，诸如李大钊、陈独秀、鲁迅，胡适、刘半农、马寅初、梁漱溟、辜鸿铭等人纷纷加入北大。其中梁漱溟进入北大，更能体现蔡元培用人方面的不拘一格。梁漱溟最初想考入北大学习，却因为成绩原因而未被录取，他在上海的《东方杂志》发表了一篇讨论佛教哲学的文章《究元决疑论》，蔡元培看完后认为虽是一家之言，但水平非常高，于是决定聘请梁漱溟来北大任教，主讲印度哲学。这一年，梁漱溟年仅24岁。后来，梁漱溟在北大这个舞台上尽情施展，终成了举世闻名的大哲学家。梁漱溟欲当北大学生而不得，却一下子就成了北大的老师。如此用人的魄力和慧眼，除蔡元培外，恐怕全中国也没有第二人。经过蔡元培的大力整顿，北大教师团队成为全国最年轻，也最具进取精神的队伍。当时的报纸就曾做过统计，北大90多位教授的平均年龄仅为30多岁，其中50岁以上者仅有6人，35岁以下者居然高达43人，像胡适、刘半农、梁漱溟等人被聘为教授时仅有二十余岁。

蔡元培在北大期间，还成立了各科研究所，包括文科、理科、法科、地质学、国学等。这些研究所都给予充足的经费，以全国学术水平最高的人领导，所以获得了很丰厚的学术成功，培养出了一大批优秀人才。别的不说，北大图书馆也赫赫有名，在李大钊的精心经营下，北大图书馆在有限经费下迅速扩展，特别购买了国外大量书籍，成为全国最有名的图书馆。连毛泽东也曾经在北大担任过图书馆管理员，在图书馆中获得了丰富的精神食粮。毛泽东晚年曾说，在北大图书馆那段时间，对他一生都有着极大的意义。

在蔡元培的努力下，北京大学在短短几年内成为中国数得着的高等学府，当时很多西方记者也认为北大是最接近西方教育模式的大学，也是中国最有活力的大学。而正是这种活力，让北大的青年学生更加向往民主和科学，为后来“五四运动”的爆发埋下了伏笔。

晚年蔡元培

蔡元培一生热心教学，清廉自守，晚年生活贫困，连固定的住所都没有。当时继任北大校长的蒋梦麟提出要为老校长造一所“可以住家藏书的屋”，也被蔡元培婉言拒绝。

五四浪潮

1919年5月2日，时任北洋政府国务总理的钱能训密电参加“巴黎和会”的中国代表团，令其在承认日本掠夺中国山东权益的《巴黎和约》上签字。当时任外交委员会委员长的汪大燮得知后十分着急，5月3日凌晨，他乘马车专程到东堂子胡同75号的蔡元培住处告知消息并向他求援，蔡先生听完大为震惊。当日上午，蔡元培急招部分学生代表在东堂子胡同75号通告情况，之后各校学生召开了紧急会议，一致认为必须马上采取行动，决定第二天举行游行示威。5月4日下午，数千名学生在天安门举行示威大会，就此爆发了震惊中外的“五四运动”。就在学生们上街游行之时，北洋政府的教育总长傅增湘打电话给蔡元培，让其召回游行的北大学生，蔡元培断然回答说：“我不会制止这种爱国行为！”很快，学生火烧赵家楼的消息传来，北洋政府决定出动军警镇压学生，将32名学生逮捕入狱。为了营救学生，蔡元培邀集北京13 所大专院校的校长在北大开会，并当场表示：为使学生出监狱，他愿意“以一人抵罪”。随后，他便带着校长代表团前往警察厅、教育部等部门请愿，要求立即释放被捕学生。在连续奔波了两日后，被捕学生终于得以释放。事后，北洋政府决定撤销蔡元培的校长职务，但在北大师生的强烈抗议声中和社会贤达的反对之下，又被迫收回命令，蔡元培得以返回北大任教。

病逝香港

1923年1月，担任北大校长七年之久的蔡元培因抗议教育总长彭允彝提出辞职。在三年之前，蔡元培的妻子黄仲玉因病去世，蔡元培再次成为独身，当时他已经54岁了。在友人的劝说下，蔡元培和33岁的未婚女孩周峻结婚。当年七月，蔡元培和周峻在苏州留园举行了隆重的婚礼。1926年，广东国民政府开始北伐，蔡元培紧急回国参加革命运动。

1927年，蔡元培提出成立大学院作为全国最高学术教育行政机关的倡议通过，他也被任为大学院院长。当年十一月，蔡元培和萧友梅于上海创办“国立音乐院”（现在的上海音乐学院），这也是中国建立最早的高等音乐院校。“九一八事变”后，蔡元培奔走呼吁，主张枪口一致对外，共赴国难。1932年，蔡元培与宋庆龄、鲁迅等组织发起中国民权保障同盟，积极开展抗日爱国运动，还曾试图营救杨开慧、丁玲、朱宜权等共产党员，为抗日大业做了很多贡献。1937年“卢沟桥事变”后，抗日战争全面爆发，这时蔡元培已经是古稀之年，他于当年十一月移居香港。1940年3月3日，蔡元培在寓所失足跌倒，被送入香港一家医院急救。3月5日，蔡元培病逝于医院之中。

蔡元培去世后，蒋介石在重庆主持公祭，延安也举行了各界追悼大会。毛泽东在唁电中称颂蔡元培为“学界泰斗、人世楷模”，这也是历史对一代教育大家的公正评价。

徐志摩

多情诗人

“即使命运叫您在得到最后胜利之前遇到不可躲避的死亡，我的爱！那时您就死。因为死就是成功，就是胜利。一切有我在，一切有爱在。”“你早已成我灵魂的一部分，我的影子里有你的影子，我的声音里有你的声音，我的心里有你的心；鱼不能没有水，人不能没有氧气；我不能没有你的爱。”这种富有魅力的爱情诗句曾经感动了一代人，很多女子都为这诗人而痴狂。而写出这种动人诗句的诗人就是民国大名鼎鼎的情种徐志摩。徐志摩一生为爱活，为爱死，连诗歌创作都是为了一个爱字，在中国的历代诗人里非常少见。

无爱婚姻

徐志摩原名章垿，字槱森，后改名志摩，1897年1月15日出生于浙江省海宁县硖石镇。徐志摩出生于一个富裕家庭，徐氏家族在海宁是名门望族，出过很多知名人物，比如民盟主席沈钧儒是徐志摩的表叔，作家金庸是徐志摩的姑表弟，女作家琼瑶是徐志摩的表外甥女等等。徐志摩的父亲徐申如拥有一座发电厂、一个梅酱厂、一间丝绸庄，在上海还有一家小钱庄，是海宁当地有名的实业家。由于徐家家境不错，徐志摩又是家里的长房长孙，自然备受全家人宠爱，很小的时候就开始在私塾读书。徐志摩11岁时完成了启蒙教育，进入当地的开智学堂，师从张树森学习四书五经。他的成绩非常优秀，每次考试都是全班第一。

1910年，14岁的徐志摩经表叔沈钧儒介绍，考入了杭州府中学堂。徐志摩从小就有很好的文学天赋，在杭州读书时就开始发表文章。1915年，徐志摩从浙江一中毕业，考入上海浸信会学院暨神学院（沪江大学前身，现为上海理工大学）。在当年十月，徐志摩在父母包办下，和上海宝山县巨富张润之的女儿张幼仪结婚，当年徐志摩18岁，张幼仪年仅15岁。徐志摩当时已经很受新思想的影响，追求自由恋爱，他对这次婚姻非常不满意，却没有办法拒绝。其实徐志摩的妻子张幼仪也是个非常优秀的女孩，她12岁时就考入苏州师范学校，后来又成为中国第一个女银行家，开了一家在上海很出名的服装公司，是民国历史上很有名望的女性之一。不过张幼仪的相貌普通，不太符合徐志摩心中“美貌加智慧”的爱人标准，所以两人的结合算是“强扭的瓜”，并不甜蜜。

徐志摩故居中的本人铜像

结婚以后，为了躲避妻子，徐志摩并没有安心念完浸信会学院的课程，仅仅一年后的1916年秋，他就离开上海，来到天津的北洋大学（天津大学的前身）预科攻读法学。第二年，北洋大学的法学科并入北京大学，徐志摩又随着转入北大就读。这段时间，他不仅钻研法学，而且攻读日文、法文及政治学，并广泛涉猎了中外文学。由于徐志摩文采斐然，人又潇洒，好交朋友，再加上他拜当时北平最有名望的国学大师梁启超为老师，还举行了隆重的拜师大礼，很快就成为北平知识界和社交界的双料名人。

不过这段时间里，在父母的严令下，妻子张幼仪也来到北平，跟徐志摩生活在一起。不久，张幼仪身怀有孕，徐志摩的父母都非常高兴，认为儿子的心会被孩子牵绊住，小两口的日子也会转为和美，可后来的事实证明徐家老人的想法有些一厢情愿了。1918年，徐志摩的长子徐积锴出生，徐志摩并没有像其他父亲那样欢天喜地，反而为了躲避妻子和孩子，决定再次逃走。

相识林徽因

1918年8月，徐志摩离开中国，前往美国留学。留学第一年，他在美国乌斯特的克拉克大学学习历史、社会学、经济学等方面的课程。徐志摩本人是相当聪明的，他入学后仅仅用了十个月的时间就学完了所有课程，获得了学士学位。随后，他转入纽约哥伦比亚大学的研究院学习经济，后来又学习文学，获得了文学硕士的学位。徐志摩在美国读了两年书，获得了硕士学历，学有所成，之后他前往欧洲，进行一次新的游历。1920年，徐志摩来到英国求学，在伦敦政治经济学院学习了半年，后来又进入了剑桥大学皇家学院。正是在英国，徐志摩终于遇到他人生的第一个挚爱，同时也是民国时期著名的女性林徽因。

林徽因也是浙江人，同徐志摩也算是老乡，当时她不过17岁，正是女性最具有青春活力的年纪。林徽因长得非常漂亮，而且她本人也接受过良好的教育，算是一位美貌与智慧兼具的新女性。不过当时林徽因已经订婚，她来到英国就是陪同未婚夫梁思成读书的。而梁思成是徐志摩的老师梁启超的儿子。因为彼此之间有这层关系，又是在异国他乡道左相逢，三人很快就熟络了。随着接触的越来越多，徐志摩被林徽因的个人魅力所倾倒，很快就爱上了林徽因。后世的历史学者一般认为，这才是徐志摩的初恋。当然，林徽因是有未婚夫的，不过当时民国知识分子阶层风气相当开放，至少在徐志摩看来，只要女孩子还没有结婚，那么任何人都资格追求。

在交往之中，徐志摩向林徽因诉说了自己婚姻中的不幸和无法挣脱的痛苦，林徽因以女性特有的温柔和善解人意，表示了对徐志摩的同情和关心。徐、林两人在心灵上很快达成一定程度的相通，至少在徐志摩的感觉中，两人是在热恋。徐志摩后来回忆起在英国的时光，就提笔写下了“我不仅要爱的肉眼认识我的肉身，我要你的灵眼认识我的灵魂”。在这段时期，本来从不写诗的徐志摩灵感大发，写下了许多理想主义诗句，比如《我所知道的康桥》等。遗憾的是，其中大部分已经流失了，只留下的大约30首左右。徐志摩的诗字句清新，韵律谐和，比喻新奇，想象丰富，在当时的民国算得上代表性的诗人。比如徐志摩写给林徽因的《偶然》：

我是天空里的一片云，
偶尔投影在你的波心。
你不必讶异，
更无须欢喜，
在转瞬间消灭了踪影。
你我相逢在黑夜的海上，
你有你的，我有我的，方向。
你记得也好，
最好你忘掉，
在这交会时互放的光亮。

得失寸心间

可惜现实不是诗歌，1920年，在父母的强烈要求下，徐志摩被迫同意妻子来英国同他相聚。

当时张幼仪对徐志摩还是很有感情的，她带着孩子不远万里赶到英国，心情相当激动。但当她看到徐志摩的时候，满腔的喜悦都变成了无限的失望。她在晚年回忆到：“我斜倚着尾甲板，不耐烦地等着上岸，然后看到徐志摩站在东张西望的人群里。就在这时候，我的心凉了一大截。他穿着一件瘦长的黑色毛大衣，脖子上围了条白丝巾。虽然我从没看过他穿西装的样子，可是我晓得那是他。他的态度我一眼就看得出来，不会搞错的，因为他是那堆接船的人当中唯一露出不想到那儿表情的人。”

张幼仪的感觉是正确的，两人一见面，徐志摩对妻子表现得非常冷淡，夫妻两人除了晚上睡一张床以外，基本形同路人。到了1921年，徐志摩终于向妻子摊牌，表示想离婚。当时虽然已经是民国，离婚也绝对不是什么光彩的事情。如果两人离婚，对张幼仪的打击是巨大的，尤其是她还有一个孩子，而且她已经再次怀孕两个多月，这一点徐志摩也是知道的。张幼仪是位性格坚强的女性，面对丈夫的无情，她没有哭泣哀求，而是果断同意离婚。夫妻两人就此分手，张幼仪离开英国去了德国的二哥家，一心待产，次年张幼仪在德国生下了次子徐德生。这时徐志摩赶到德国，但他不是来见妻子和孩子，而是来办理离婚手续的。夫妻两人在柏林见面，几乎一言不发地签订了离婚协议。这是民国历史上依据《民法》的第一桩西式文明离婚案。其实在同张幼仪签订离婚协议之前，徐志摩已经去找林徽因，向其求婚。然而徐志摩不知道的是，此时林徽因也在进行巨大的心理斗争。林徽因确实对徐志摩有些感情，但这究竟是不是爱情只有林徽因本人知道。当时林徽因的父亲和众多朋友都反对她和徐志摩来往。林徽因的未婚夫梁思成也向其表白，表示会给林徽因一个幸福美满的未来。在这种情况下，林徽因最终做出了自己的选择，她和自己的父亲离开英国，回到了中国。徐志摩匆匆回到英国，却发现所爱的人已经不辞而别，他又心急火燎地返回了中国，去劝说林徽因回心转意。据说两人曾有一次闭门长谈，具体的谈话内容没有外人知道，最终的结果是徐志摩颓废地离开，林徽因嫁给了梁思成。

新感情的开始

徐志摩因为这次失恋非常失落，在这段时间，他写下了不少诗句，比如“爱是一场催眠，醒来之后你被谁吸了灵。这就是为什么爱过之后，总觉得不仅失去他，也失去了一部分自己。被爱的人总是掌灵者，去爱的人反而失魂。在每段真心付出的感情中，总有一个人献祭了灵魂，收获了残忍。”为了安慰这位学生，徐志摩的老师梁启超还给他写了一封长信，希望他不要过于追求完美，不要为不可得到的感情而陷自己于不能自拔的境地。

弥补一段感情的最好办法，就是尽快开始另一段感情。不知道徐志摩懂不懂这个道理，但至少他是这么做的。徐志摩回到北平以后，因为情绪低落，经常与朋友们聚会。他有一个好友叫王赓，徐志摩经常去其家里做客，一来二去就认识了王赓的妻子陆小曼。陆小曼也是民国时期非常有名的一位女性，她的父亲陆定是留日学生，曾经担任过财政部的赋税司司长，在北平是个很有名的人物。陆小曼12岁的时候就进入法国圣心学堂读书，其父为她聘

徐志摩（后排左一）、林徽因（前排左二）等人与泰戈尔的合影

1923年春天，应梁启超、蔡元培等人的邀请，印度著名诗人、文学家泰戈尔准备访华，后因其身体原因而推至1924年的4月，徐志摩是他访华活动的主持人和翻译。

请了英籍女教员教她英文，阅读英、法名著。她十六七岁已通晓英、法两国语言，还能弹钢琴、画油画，再加上她年轻貌美，性格直爽，在当时算是交际广阔的一代名媛。

性格开朗的陆小曼非常喜欢参加各种社交活动，但丈夫王赓在陆军部工作，是一名在职军人，没有太多的时间陪伴妻子。为了让妻子高兴，王赓就请求徐志摩帮忙陪伴妻子。不久，王赓被任命为哈尔滨警察局局长，他带着陆小曼去哈尔滨上任。当时哈尔滨还是个小城市，同北平、上海无法相比。陆小曼对哈尔滨的生活极为不满，跟丈夫大闹了几次，最终自己回到北平娘家去了。王赓不能放弃好不容易争取来的职务，于是夫妻两人被迫两地分居了。一分居，夫妻间的问题也很快出现。丈夫不在，陆小曼就经常喊徐志摩一同出去参加各种活动，一来二去，两人就产生了感情。其实陆小曼也知道丈夫王赓是很好的伴侣，但她当时已经迷失在徐志摩的才华和热情洋溢的情书之中，大胆泼辣的她决定结束自己的婚姻。

再婚生活

1926年，陆小曼找到丈夫王赓摊牌，要求离婚。王赓虽然有些恼火，毕竟妻子是和好友走到了一起，不过王赓也是一个受过新式教育的人，知道没有感情的婚姻没有价值，最终他还是同意了离婚。这个消息传到徐志摩的老家海宁，可把徐志摩的父母气坏了。他们认为儿子不走正道，抛弃妻子，去追老师儿子的未婚妻，现在居然又爱上了朋友的妻子，简直是莫大的丑闻。他们坚决不同意徐志摩再婚，并且威胁要中断徐志摩的生活费。

可是徐志摩我行我素惯了，他根本不在乎父母的强硬态度，还是下决心要和陆小曼结婚。徐志摩父亲徐申如见不能挽回儿子的心意，最终勉强答应他们结婚，但有三个条件徐志摩必须答应：第一，结婚费用必须自理；第二，婚礼由胡适担任介绍人，梁启超证婚；第三结婚后必须安分守己过日子。这三条徐志摩都予以答应。而陆小曼这边也出了问题，陆母坚决不同意女儿和王赓离婚，她认为王赓稳重老实，比徐志摩要可靠得多。女儿如果嫁给徐志摩，十有八九还会离婚，会毁掉自己一生。可陆小曼的性格更为固执，她最终还是跟王赓离了婚。1926年10月，徐志摩和陆小曼举行了婚礼，他们结婚时给陆小曼的前夫王赓发了请帖，王赓虽然没有去，却也很大度地回赠了一份礼物。结婚的时候，徐志摩还找了老师梁启超做证婚人，梁启超因为徐志摩和儿媳林徽因的事情，也很心疼这个学生，很爽快地答应了学生的请求，为其主持了婚礼。

然而感情是感情，婚姻是婚姻。恋爱的时候徐志摩曾经嘲笑王赓不解风情，照顾不好陆小曼。这时轮到他自己的时候，他才知道两个人生活在一起远比写一封洋洋洒洒的情书要难得多。陆小曼从小生活在富贵人家，从不缺钱，所以花起钱来也是大手大脚。结婚以后，陆小曼住在上海的豪华公馆中，这个公馆每月租金就要100大洋，家里还有众多仆人，包括司机、厨师、男仆、贴身丫鬟等。此外，陆小曼还非常喜欢购物，而且从来不问价钱，所以尽管徐志摩算是高收入群体中的一员（大学老师），但家中经济仍然是入不敷出。为了解决经济问题，他同时在光华大学、东吴大学、大夏大学三所大学讲课，课余还得赶写诗文，以赚取稿费，非常辛苦。往往徐志摩熬夜写稿到凌晨三四点、刚刚上床睡觉的时候，沉溺于跳舞、打牌、看戏等夜生活的陆小曼才回到家中。更为要命的是，陆小曼居然还吸上了鸦片，并且传出了绯闻。此时的徐志摩非常苦恼，他毕竟只是个文人，性格也比较软弱，不知道该如何来处理家庭的乱局，他只能再次选择逃避。

1928年，徐志摩回到英国剑桥（旧名康桥），目睹完全没有改变的景色，回想起自己的短短几年内经历的无数事情，不觉百感交集。在这里他爱上林徽因，不惜抛弃了妻子和孩子，没想到最终的结果是被林徽因拒绝。现在他不惜一切地同朋友的妻子陆小曼走到一起，结果现实却又是这样。感慨万千的徐志摩，在回中国的轮船上写下了他最著名的诗篇《再别康桥》。

空难离世

再次陷入颓废的徐志摩，显然又想起了初恋林徽因的种种好处。当时林徽因受聘于北平中国营造学社，徐志摩也经常去北平，两人难免有一些接触。陆小曼知道后非常生气，两人关系急剧恶化。1931年11月17日这一天，徐志摩再次见到陆小曼在抽大烟，他忍无可忍地说了妻子几句，陆小曼反唇相讥，还质问徐志摩为什么跟林徽因来往，两人发生了激烈的口角。此时心情极端苦闷的徐志摩，很想找个人诉苦，他很想见到林徽因。

1931年11月19日，林徽因要在北平协和礼堂为外国使节演讲中国建筑艺术，徐志摩也决定前往北平。他于早上八时，搭乘中国航空公司“济南”号邮政飞机由南京北上。也许徐志摩对未来的悲剧有所预感，在出发前，他给刚刚吵过架的妻子留下一封信，信上说：徐州有大雾，头痛不想走了，准备返沪。然而，飞机在大雾中撞上了济南开山，徐志摩在这场空难中离世，年仅34岁。徐志摩死后，陆小曼非常悲痛，她戒掉了大烟，还著文《哭摩》悼念丈夫。随后陆小曼细心整理了徐志摩一生的作品，编成《志摩日记》《徐志摩诗选》《志摩全集》等，也算为丈夫做了很大的贡献。对于徐志摩的一生，他的好友胡适的评价也许是最贴切的：他的人生观真是一种单纯信仰，这里面只有四个大字，一个是爱，一个是自由，一个是美。他梦想这三个理想的条件能够会合在一个人身上，这就是他的单纯信仰。

陆小曼像

徐志摩去世后，陆小曼因悲痛而病魔缠身。后来在友人的建议下，她开始学习山水画以寄托情感。中华人民共和国成立后，陆小曼先后担任上海文史馆馆员及上海中国画院画师，1965年在上海病逝。

朱自清

不食嗟来之食的教授

1948年6月18日，清华大学中文系主任吴晗拿着一份拒绝接受美国面粉的声明书，来到了一个教授的家中。这位50岁的教授正因为胃病复发卧床不起，由于长期营养不良，他瘦得只剩一把骨头，连说话的声音都非常微弱。吴晗拿着声明书对他说："你一家老少九口，日子过得特别艰难，若在声明上签字，经济损失要比别的教授都大。但我还是来了，是为尊重你的意见，总之是不要勉强。"这位消瘦的教授勉强支撑着身体坐起来，一把拿起声明书，颤抖着签上了自己的名字。他还对吴晗说："我的秉性，吴先生是知道的。春秋时气节之士坚持不吃嗟来之食活活饿死，傲骨可嘉，足可为人师表。故我宁可饿死，也不要带有侮辱性的美援面粉。"两个月后，这位教授病逝在家中，这两个月内，他没有吃过一点儿美国援助的面粉。这位很有原则的教授，就是大名鼎鼎的文学家朱自清。

求学与家庭

朱自清原名自华，字佩弦，1898年11月22日出生于江苏海州（今江苏连云港东海县）。朱自清的家庭是一个典型的官宦家庭，他的祖父朱则余是海州当地的承审法官，父亲朱鸿钧也在扬州的江都县做过官员。朱自清的祖父和父亲都是文官，朱自清又是家中长子，全家对他都十分重视。因此朱自清从小就接受了正式的私塾教育，这为他将来成为一代大家打下了坚实的基础。1912年，14岁的朱自清考入新式教育的扬州高等小学，随后又进入江苏第八中学（后改名为扬州中学）就学。四年后他顺利毕业，并且成功考入北京大学预科。当时朱自清还叫作朱自华，后来为了勉励自己在困境中不丧志、不灰心、保持清白，便取《楚辞·卜居》中“宁廉洁正直以自清乎”中的“自清”二字，改名朱自清。

1916年，18岁的朱自清遵从父母之命，和当地名医武威三的女儿武钟谦结婚。二人的婚后生活较为美满，武钟谦是一个标准的贤妻良母，先后为朱自清生下了6个孩子。就在朱自清婚后的第二年，他的父亲因为一场风波丢掉了职务，朱家也失去了稳定的收入来源。而此时朱自清的大学生活倒是非常顺利，他在大学期间除了本专业的哲学以外，还对文学产生了浓厚的兴趣，并于1919年2月出版了处女诗集《睡吧，小小的人》。在大学期间，朱自清并非只是学习而已，他是新潮社的创社成员，曾经参与“五四运动”，也曾参加平民教育演讲团，是个青年运动的积极分子。1920年，朱自清以优异的成绩，提前一年从北京大学哲学系毕业，时年22岁。毕业以后，朱自清的生活却很不顺利，他先是带着妻儿前往浙江第一师范学校担任老师，后来又回到母校，也就是扬州中学任职。当时，父亲朱鸿钧已经在家赋闲，弟弟妹妹又很小，全家就靠一点儿积蓄和朱自清的收入生活。而朱自清本人也有妻子和两个女儿需要抚养，生活压力非常重。此外，由于朱自清的思想新派，和守旧的父亲之间很难沟通，于是他又带着妻儿离开了扬州，前往上海吴淞的中国公学任教。尽管和父亲有些矛盾，而且自己的生活漂泊不定，收入不高，朱自清还是每个月寄钱回家，补贴家用。

1930年，在清华大学任教时的朱自清

失爱与得爱

1925年，27岁的朱自清在好友俞平伯介绍下，进清华学校（清华大学前身）教书，生活总算开始稳定。然而两年之后，朱自清就遭遇了巨大的打击，他的妻子武钟谦积劳成疾，得了严重的肺病，不久便撒手人寰。武钟谦去世以后，留给朱自清5个孩子（六个孩子中的一个已经不幸夭折），最大的长子朱迈先十岁，最小的女儿才三岁半。

朱自清本来不擅长家务，自然无法应对家中的一切，他白天要去上课，晚上要照顾孩子们的吃喝拉撒，还要看着最小的孩子睡觉，每天都非常辛苦。朋友们见朱自清这么狼狈，也非常着急，好友浦西园就为他介绍了一名叫陈竹隐的女孩。陈竹隐是四川成都人，四川省第一女子师范学校毕业。两人几番交往下来，朱自清觉得陈竹隐是个坚强的女孩子，而陈竹隐认为朱自清朴实、正派、可靠、善良，表示愿意和朱自清结婚。可这时朱自清却认为陈竹隐的条件不错，又从没结过婚，自己虽然是个大学老师，但没什么财产，又有五个孩子，不应该拖累对方。这时陈竹隐表现得敢爱敢恨，她主动示爱，向朱自清表示喜欢对方，并不在乎当后母。朱自清大受感动，两人开始热恋。1931年六七月间，两人正式订婚。

1931年下旬，朱自清将孩子交给陈竹隐照顾，自己公费游历欧洲，在伦敦攻读英国文学和语言学，次年回国。在这期间，陈竹隐已经跟孩子们产生了感情。眼见孩子们被照顾得很好，朱自清对陈竹隐非常感激，两人于1932年8月4日在上海杏花村酒楼举行婚礼。婚后不久，陈竹隐就连续生下了3个孩子，成了一位要照顾8个孩子的家庭妇女，她的大量的时间都花在了孩子身上。作为一位受过高等教育的女子，陈竹隐自然对这种情况有所不满。细心的朱自清察觉到了妻子的情绪，他非常贴心地关爱妻子，主动减少在外应酬的时间，抽出大量时间陪妻子逛街，主动承担部分家务。这样一来，陈竹隐顺利度过了婚姻的磨合期，两人此后互相关爱，互相扶持，一直到朱自清去世。

父子之情

小家庭和睦了，那大家庭呢？在1928年，也就是朱自清丧妻的前一年，朱自清突然收到久不通信的父亲朱鸿钧的一封信。当时的朱鸿钧已经年过半百，他在信中写道："我身体平安，惟膀子疼痛厉害，举箸提笔，诸多不便，大约大去之期不远矣。"这封信让朱自清大感刺激，连续几夜辗转难眠，想起了父亲之前对他的种种照顾和督促，尤其回忆起1917年他去北京大学就读时，父亲去送他的场面。一时间，千般感受聚到心头，朱自清不觉潸然泪下，挥笔写下了中国现代史上最经典的散文之一——《背影》。其实，在朱自清离开老家，前往上海的时候，朱鸿钧非常生气，经常指责儿子，朱自清虽然曾回家探望，但老爷子却不予理睬，一对倔强的父子彼此都很受伤害。可随着年华老去，父亲日益惦记远方的儿子，偷偷地向其他子女打听朱自清的近况，最终按捺不住，在1928年写信给儿子。也就是这封信，造就了这篇传世佳作《背影》。之后，上海开明书店出版了朱自清的散文集，其中就有《背影》一文。朱自清的三弟朱自华看到大哥的散文集，就将其带回家中给父亲朱鸿钧看。此时朱鸿钧已经患有多种疾病，行动不便，他躺在床上读完了儿子的散文，不觉老泪纵横，父子之间的矛盾彻底冰释。

随着父子关系和夫妻关系的好转，朱自清的心情愉悦，连续创作出很多优秀的作品。1934年，他出版了《欧游杂记》；1935年编辑了《〈中国新文学大系〉诗集》并撰写《导言》；1936年出版了散文集《你我》。抗日战争爆发后，朱自清随清华大学南下长沙，1938年3月到达昆明，出任北京大学、清华大学、南开大学合并的西南联合大学的中国文学系主任，并当选为中华全国文艺界抗敌协会理事。抗战期间，由于物资短缺，通货膨胀，朱自清这样的大学教授生活都非常拮据。当时他的月薪不过四百出头，而全家每个月的花销都远远超出这个数字，幸亏友人的不断接济，朱自清一家才度过了这段日子。即便在这样的条件下，朱自清仍然以认真严谨的态度从事教学和文学研究，与叶圣陶合著了《国文教学》等著作。

友人之死

抗战胜利以后，朱自清回到了北平。就在他一心治学的时候，一场突发的惨案打破了他生活的平静，而那场惨案的主角就是朱自清的挚友、著名的民主战士闻一多。闻一多是湖北黄冈人，1912年考入清华大学，毕业后前往美国、欧洲留学。1933年，闻一多从青岛大学来到清华大学任教，当时朱自清正担任清华大学中文系主任一职。由于都经历过新文化运动与“五四运动”，又都非常热爱中国古代诗词，如今又同在清华任教，两人很快就成为关系密切的朋友。和低调内敛的朱自清相比，闻一多更热情豪放，对政治也更为关注，他在1944年加入了中国民主同盟会，1945年当选为中国民主同盟会中央委员。1945年12月1日，国民党出动大批军警特务围攻云南联大和云南大学，向学生集中的地方投掷手榴弹，炸死学生4人，重伤29人，造成了震惊全国的“一二·一惨案”。惨案发生后，昆明三万多师生掀起了更大规模的反内战、争民主运动。迫于社会压力，蒋介石被迫免去了国民党云南省党部主任委员李宗黄的职务。然而这不过是独裁者的缓兵之计，国民党特务认定民主人士李公朴是罢课的组织者，就在1946年7月11日卑劣地将其暗杀。1946年7月15日，闻一多在李公朴的追悼会上发表了《最后一次讲演》，公开斥责国民党特务卑鄙无耻。当天下午，闻一多先生又在西仓坡宿舍门口遭到特务暗杀，这就是中国现代史上著名的“李闻惨案”。

得知好友闻一多被害后，朱自清大为震惊，一向崇尚民主自由的他既为好友的死悲愤不已，又对国民党政府的无耻行径非常痛恨。他立即致信闻一多夫人，除了表示愤怒和商议遗稿出版事宜，他还慨然承诺愿意尽力照顾闻家其他人的生活。就这样，在黑暗现实的教育和爱国民主运动的推动下，朱自清也发展成为坚定的民主主义战士。

拒领美援

毛泽东主席曾经在《别了，司徒雷登》一文中写道：“我们中国人是有骨气的，许多曾经是自由主义者或民主个人主义者的人们，在美帝国主义者及其走狗国民党反动派面前站起来了。”其中就举了朱自清一身重病，宁可饿死，却不领美国“救济粮”的例子。这段话非常感人，朱自清确实是一位有骨气的中国文人，但他的去世更多的是疾病的原因。抗战之前，朱自清就患有胃病，由于生活不规律，加上喜欢饮酒，病情时有发作。抗战爆发后，物资开始紧缺，朱自清由于家中有8个孩子，生活也开始拮据起来，一天只能吃两餐，经常吃个半饱而已，朱自清的病情开始加重，后来不得不休养了整整一年。抗战结束以后，内战几乎紧接着爆发。随着国民党军队全线溃败和国民政府币制改革的失败，整个国家的经济秩序一团混乱。朱自清这样的大学教授虽然生活还是比普通老百姓要好一些，但也就勉强吃饱肚子而已，粮食的好坏已经不能挑了！当时朱自清的胃溃疡很严

清华大学荷塘月色亭旁的朱自清塑像

提到朱自清，就会想到散文，就会想到名篇《荷塘月色》，这篇文章写于1927年7月，正值“四一二”蒋介石背叛革命之时，曾参加过“五四运动”的爱国知识分子朱自清，面对这一黑暗现实，他悲愤、不满而又陷入对现实无法理解的苦闷与彷徨之中。怀着这种心情，写下了《荷塘月色》这篇文章。

重，这种病需要按照医嘱进食，粗粮是肯定不能吃的，每顿只能吃很少量的细粮，不然很容易呕吐或者加重病情。一般人在这种情况下要么去黑市买粮，要么就接受当时美国提供的所谓“救济粮”，而朱自清却没有选择这两个办法。

这里所谓的美国“救济粮”是指美国人在1948年援助国民政府数亿美元的一部分，主要为了解决中国饥荒的问题。这些粮食有很多种，包括细粮、粗粮等，细粮大多需要凭借采购证低价购买，而得到采购证的大多是学术界的知名人士。当时清华大学的一批爱国教师起草了一份《百十师长严正声明》，表示为了中国人民的尊严和气节，断然拒绝美国具有收买性质的一切施舍物资，其中就包括所谓的美援平价面粉，也就是“救济粮”。由于物价飞涨，生活困难，一些人拒绝在这个声明上签字，清华大学的中文系主任吴晗就找到了朱自清，询问他是否愿意在声明上签字。当时朱自清已经无法下床，家中又有8个孩子需要抚养，如果他婉言拒绝，也许并不会受到什么谴责，但朱自清却毅然在声明上签下了自己的名字。当天晚上，朱自清在日记中写道：“在拒绝美援和美国面粉的宣言上签名，这意味着每月的生活费要减少六百万法币。下午认真思索了一阵，坚信我的签名之举是正确的。”1948年8月12日，朱自清因严重的胃溃疡最终导致胃穿孔，在北大医院去世，享年50岁。在弥留之际，朱自清还不忘叮嘱夫人陈竹隐无论如何困难，都不能要配给的美援面粉，因为他已经在拒绝美援的声明上签了字。

梅兰芳

一代宗师

1949年6月，一群艺术家应邀赶往北平参加第一次全国文学艺术工作者代表大会，随后他们接受了毛泽东主席的亲自接见。毛泽东同这些艺术家们一一握手问好，当毛泽东走到其中一个人面前的时候，突然停下了。毛泽东看着这位艺术家，半开玩笑地说道："原来是你啊！我久闻你的大名了！你知道吗，在中国，我毛某人的名声可没有你大啊！"某种程度上说，毛泽东主席并没有夸大，当时的中国老百姓中即使有没听过毛泽东名字的，但也一定听过此人的名字，他就是京剧名家梅兰芳。

初入梨园

梅兰芳名澜，又名鹤鸣，字畹华，1894年10月生于北京前门外李铁拐斜街的一个京剧世家。梅兰芳的祖父是北京著名的青衣花旦演员梅巧玲，梅兰芳的父亲则是一名优秀的京剧琴师，擅长拉胡琴。梅兰芳的童年时代接连遭遇不幸，他四岁丧父，十二岁丧母，由当京剧琴师的伯父梅雨田抚养。梅兰芳8岁时开始跟随伯父学戏，拜著名京剧青衣演员吴菱仙为师。当时吴菱仙已有五十多岁，本来已经不愿意收徒，只是因曾与梅兰芳的祖父梅巧玲共事多年，交往甚厚，这才收下梅兰芳。

吴菱仙心地极为善良，但教徒弟非常严格。每天天刚刚亮，年过半百的吴菱仙就带着梅兰芳到北京中山公园等处去喊嗓子，练习基本功，往往一练就是一个上午。学戏是非常辛苦的，所谓台上十分钟，台下十年功，童年时代的梅兰芳却很能吃苦，他扎扎实实地学好了所有的基本功。梅兰芳10岁时（1904年），有一个京剧班在北京前门广和楼演出《天河配》。当时的吴菱仙想给自己的徒弟增加一些实践经验，就同班主商量好，叫梅兰芳出演了《鹊桥密誓》中的织女。当时梅兰芳还是个儿童，因为个子矮爬不上做道具的鹊桥，最后是由师傅亲自抱着扶上去。这是梅兰芳首次登台，他的表现非常不错，无论扮相、还是唱、念、表演都相当出色，赢得了观众们的满堂喝彩。

1907年，经过5年的艰苦学习，梅兰芳终于正式出师了。13岁的梅兰芳加入了当时著名的喜连成班，正式参加演出。我们都知道京剧中角色很多，而梅兰芳最擅演的是旦角。京剧中把女性统称为旦，其中按照人物的年龄、性格又可细分为许多行当，饰演大家闺秀和有身份的妇女称为正旦，又称青衣，这是因为正旦所扮演的角色常穿青色的长衫而得名。除了青衣外，旦角还分为活泼的花旦和有武戏的刀马旦，这些分类彼此之间界限森严，不允许串演。而梅兰芳却将花旦的活泼、青衣的端庄和刀马旦的轻灵融合在一起，最终成为历史上最为出色的京剧演员之一。

更进一步

1911年，北京各界举行京剧演员评选活动，年仅17岁的梅兰芳名列第三，成为中国京剧界赫赫有名的新人。1913年，19岁的梅兰芳赴上海演出《穆柯寨》，一时轰动上海，他塑造的穆桂英形象一时间广受赞誉。第二年梅兰芳再次来沪，演出了《五花洞》《真假潘金莲》《贵妃醉酒》等曲目，一连演出了34天，场场爆满。

尽管梅兰芳的京剧表演艺术已经达到很高的水平，但他并不自满，仍然试图进行多种创新，这时他遇到了著名的剧作家、戏剧理论家齐如山。齐如山是一个读书人，懂德文、法文，曾到欧洲游历过，接受过西方先进戏剧理论的教育。1913年，齐如山在北平结识了梅兰芳，他将西方戏剧的理念和梅兰芳分享，并劝梅兰芳要勇于突破。齐如山一针见血地指出京剧以往只重形式和规范，不允许演员自我发挥。而这个缺点导致传统京剧场面虽大，内容虽精彩，但演员却是缺乏情感的，他们的演唱往往只是刻板的背书而已。齐如山告诉梅兰芳，这其实就是空有形式，没有灵魂。在齐如山的建议下，梅兰芳开始在传统的表演中，配合词曲韵律和谐，注入充沛的情绪变化。梅兰芳表演的人物，不再是一个个动作漂

梅兰芳在京剧《穆柯寨》中的穆桂英造型

穆桂英这一角色是京剧中典型的刀马旦，在表演上唱、念、做并重，虽也需要开打，但打斗场面不如武旦激烈，而是较重身段，强调人物威武稳重的气质。

亮、外表华丽、唱腔无懈可击，却死板没有感情的活道具，而是一个个活生生的人。梅兰芳的这种突破，对京剧的复兴有着极为重要的作用，直到今天也具有很大的意义，梅兰芳也成了一名划时代的京剧表演大师。

另外，梅兰芳并不拘泥于老的曲目，他大力创编新曲目，寻求艺术上新的突破。1913年，他吸收了上海文明戏、新式舞台、灯光、化妆、服装设计等改良成分，返京后创演时装新戏《孽海波澜》。随后的几年中，梅兰芳继续排演新戏《嫦娥奔月》《春香闹学》《黛玉葬花》等。1918年，梅兰芳移居上海，此时他已经24岁，他的戏剧艺术才华已经极为成熟，表演也形成了自己完整的风格，后来人们把这种具有独特风格的表演艺术流派称为“梅派”。1921年，梅兰芳被评选为京剧“四大名旦”之首，而当时他不过27岁。

海外巡演

我们都知道，京剧是中国的传统戏剧，在其创建的上百年历史中从未走出过国门。然而到了民国时期，对外文化交流有所增加，梅兰芳也就带着京剧这种国粹进行了海外巡演。1919年4月底，梅兰芳首度访问日本，立即引爆了整个日本的新闻界，大批日本记者赶到港口采访，以至于梅兰芳最终是被其他演员抬着才冲出了拥挤的人流。5月1日，梅兰芳正式在日本的剧场亮相，演出《天女散花》《御碑亭》《千金一笑》等多出曲目。很多日本的观众被梅兰芳的表演迷得如痴如醉，认为梅兰芳一定是一位绝代佳人，纷纷要求梅兰芳卸妆后见面。结果，这些观众看到心目中完美的女性形象居然是个男人扮演的，顿时目瞪口呆。当时日本的报纸甚至发表评论说：“有梅兰芳的这双如玉般的美手，其余女人的手尽可剁去。”1924年，因为日本发生关东大地震，死亡失踪人数达到了十数万人，梅兰芳出于人道主义的考虑，再次前往日本进行赈灾义演，又受到日本方面的大力欢迎。期间，梅兰芳由于水土不服，患急性肠胃炎，一度危及生命。由于梅兰芳名气很大，一个日本著名医生上门主动为他治疗。经过这个医生的精心治疗，梅兰芳很快康复。梅兰芳对这个医生非常感激，愿意给他高额的酬劳。不过这位日本医生并未收费，仅要求梅兰芳给予一颗戏服上的景泰蓝袖扣，留作纪念。这个日本医生，可谓最早的追星族之一。梅兰芳的两次访日演出，虽然时间不长，却连续轰动了日本。当时东京汇文书店专门卖过《品梅记》一书，里面全部是日本学者、名流对梅兰芳的评价和分析。

1930年，梅兰芳前往美国进行演出，他在西雅图、芝加哥、华盛顿、纽约、旧金山、洛杉矶、圣地亚哥、檀香山等地演出72天，所到之处无不引起大的轰动。梅兰芳赴美演出时正值美国经济大萧条，大批美国民众失业，靠政府救济生活。当时梅兰芳对演出并不报什么希望，原以为最多在纽约演三场，卖出一半票就不错了，结果所有票全部售罄。当时的美国总统罗斯福还写信给梅兰芳，祝贺他演出成功，并说自己因公务在身未能看到他的精彩演出而感到十分遗憾，希望他再来华盛顿演出。美国波摩拿学院、南加州大学还分别授予梅兰芳荣誉文学博士学位。

爱国之举

就在梅兰芳的事业蒸蒸日上的时候，抗日战争全面爆发。作为一名很有爱国心的演员，梅兰芳在战争期间再也没有去访问过日本，也拒绝登台为日本人和汪伪政权演出。1937年淞沪会战爆发，11月底上海沦陷。梅兰芳不愿意在日本人的控制区生活，他在1938年移居香港。在香港期间，梅兰芳演出了《梁红玉》等曲目，激励祖国人民的抗战斗志。可惜香港也在1941年底沦陷，梅兰芳勉强将两个孩子送到大后方重庆去读书，夫妻两人却因为日本人的监视无法随意离开，最终被迫搬回上海居住。

当时日本人为了粉饰太平，鼓吹所谓的“大东亚共荣圈”，一再要求梅兰芳上台演出。梅兰芳每次都以年纪太大，身体不好为理由予以拒绝，为了断绝日伪的念头，他干脆留起了胡须。谁都知道，梅兰芳演的是旦角，旦角是女人，有了胡须自然也就无法演出。据梅兰芳的幼子梅葆珍回忆，他曾好奇地询问父亲为什么不刮胡子，梅先生笑着回答说：“我留了小胡子，日本鬼子还能强迫我演戏吗？”不过日本人并没有放过梅兰芳，他们派汉奸三番五次登门骚扰，有时说胡子是可以剃掉的，有时说年纪不是问题，变着法子催促梅兰芳公开亮相。梅兰芳没有办法，只好推说身体有问题，就是不肯公开演出。后来汉奸们越逼越紧，为了敷衍他们，梅兰芳只得去朋友开设的医院就诊，假装看病，有时甚至还要打针来进行伪装。1942年，汪伪政权为了讨好日本主子，决定派梅兰芳赴日演出。梅兰芳接到了汪伪政府发出的强行赴日命令，非常焦急，只好请私人医生为他连续打了三次伤寒预防针。这种针剂毒性很大，打完后，梅兰芳连日高烧不退。汪伪政府还不死心，派出医生前往查证，发现梅先生确实有病在身，这才就此作罢。

当然，日本人和汪伪政府对梅兰芳的抗拒行为极为不满，要寻机报复梅兰芳。由于梅兰芳名气太大，日伪没有直接动手，却下流地将梅兰芳存在香港的所有存款全部冻结。日伪认为梅兰芳一家人要吃饭，要生活，存款又被冻结，只能出来演戏。当时上海由于汪伪政权实行掠夺性经济政策，老百姓生活困难，物资短缺，物价高涨。普通市民有钱也不容易从官方渠道买到粮食，只能吃一些米糠混合的代替品。梅兰芳不能演出，又没有学过其他的谋生手段，家中的生活分外艰难。梅兰芳早年曾和画家王梦白学画，又和徐悲鸿、齐白石等画家切磋过画艺，此时的绝境之下，他决定以卖画为生，多少赚几个钱养活一家老小。这个消息很快被日伪知道，他们找来了一些流氓捣乱，在梅兰芳的画作上贴上某某已订购、某某已订购的条子。这些某某都是上海、南京有名的汉奸头目，他们的名字一出现，其他的买画人避之不及，哪里还敢来购买。梅兰芳知道后，气愤之极，他赶到卖画的场所，将所有画作全部撕碎，宁可自己的心血白费，也绝对不卖给日伪。这样一来，梅兰芳再也无法以卖画为生了，彻底断了经济来源。他只好挥泪出卖北京的老宅，接着又卖出自己多年收集的心爱藏品。可惜这样也是杯水车薪，梅兰芳被迫举债度日，向亲友朋友们一笔笔地借钱，生活非常潦倒。后来著名画家丰子恺谈起这段历史，曾经称赞梅兰芳说：“茫茫青史，为了爱国而摔破饭碗的优伶，又有几人？”

个人新生

1945年日本投降时，梅兰芳兴奋异常，他终于可以上台演出了。他剃掉胡须，很快在上海复出，与俞振飞合作演出了昆曲《断桥》《游园惊梦》等剧目。1948年，梅兰芳拍摄了彩色影片《生死恨》，这是中国拍摄成的第一部彩色戏曲片。中华人民共和国成立后，梅兰芳回到北京，出任文化部京剧研究院院长，中国京剧院院长等职务。1959年，梅兰芳加入了中国共产党。

蓄须明志的梅兰芳

1941年到1945年，或许不是梅兰芳先生艺术生涯里最精彩的时期，却是他生命里最灿烂的一笔，而这一笔正是落在上海这张“纸”上。

1961年8月8日凌晨5时，梅兰芳病逝于北京，时年67岁。梅兰芳去世以后，党和政府给予他崇高的国葬礼遇，天安门和新华门均降半旗致哀，并决定将他安葬在八宝山烈士公墓之中。而梅兰芳的夫人福芝芳要求把梅兰芳安葬在万花山自家私人茔地，还提出不要火化，要用棺木安葬。周恩来总理尊重了梅兰芳家属的意愿，由国务院安排施工，在香山万花山修建墓穴，安葬了梅兰芳。

特立独行的张爱玲

她比烟花更寂寞

民国名嫒中有很多作家，比如上海文坛四大才女中的潘柳黛、关露、苏青。但所有作家中，最有争议、最引人注意的恐怕就是张爱玲了。张爱玲在抗战期间写出了大量优秀的作品，而所有作品都围绕着一个主题——爱情。遗憾的是，张爱玲自己的爱情大体是失败的，她的一生也相对悲情。据说在张爱玲过世后，有华人记者寻访她最后生活过的美国公寓，找到房东太太，跟她描述了一下张爱玲的样子。房东太太回答："对，是有这样一位老太太住在我这里。"接着，房东太太指了指自己的脑袋说："她这里好像有点儿问题。"记者们惊得面面相觑，他们跟房东太太说的是同一个人吗？这个所谓脑子有问题的女人，就是民国时期性格最特立独行，为了爱情不顾一切，文章又柔情似水的张爱玲吗？

落魄家庭

张爱玲本名张煐，1920年9月30日出生在上海公共租界西区的麦根路313号（今上海市静安区康定东路87弄）的一幢仿西式豪宅中。张爱玲的祖父张佩纶是清朝末年的一个有名但不光彩的文人将领，曾因在马尾海战中临阵脱逃而被清政府革职充军。不过张佩纶确实口才了得，连北洋首领李鸿章都被他所折服，还将长女李菊藕嫁给了他。婚后夫妻二人生有一子一女，儿子就是张煐的父亲张志沂。

都说虎父无犬子，张志沂的才华还不如他的父亲，他虽然受过很好的西式教育，但从小在奢侈享乐中度过，张家在张佩纶时期已经开始破败，等到张煐出生之后，家庭经济开始严重吃紧，只能依靠变卖房产和房产出租收入为生。19岁时，张志沂同家中包办的女孩黄逸梵结婚，黄逸梵是李鸿章麾下长江水师提督黄翼升的孙女，也是大户人家的闺女。不过，张志沂和黄逸梵的婚姻并不幸福，两人的性格水火不容，经常吵架，张志沂对强硬的妻子没有办法，只好自娱自乐，婚后一年就在外面娶了妾室。虽然张志沂不算个好丈夫，但他对大女儿张煐还是相当宠爱，给予她很好的教育。1924年，4岁的张煐进入私塾

张爱玲

民国时期涌现出了众多才华横溢的优秀女性，其中的吕碧城、萧红、石评梅、张爱玲更是被称为“民国四大才女”。可令人嗟叹的是这几位才女的感情生活都并不顺利，最后基本上都是孤独离世。

学习。也就在同年，黄逸梵因为跟丈夫的关系彻底破裂，毅然抛下一对儿女，跟张煐的姑妈张茂渊赴英国留学，这一去就是四年。幼年失母毫无疑问是一种痛苦，更可怕的是，张煐的母亲刚一离家，张志沂就将所纳的妾室接到家中，并且彻底沉迷于鸦片，很少出门，这一切都被还是孩子的张煐看在眼里，对张煐个人性格的形成产生了很大的影响。

1928年，母亲黄逸梵归来，但夫妻关系并没有丝毫的好转。这两年内，张煐跟母亲接触很多，这多少弥补了她一些失去的母爱。不得不说，黄逸梵是位才华横溢的女性，张煐跟着母亲学绘画、钢琴和英语，聪明伶俐的她学习新事物的速度非常惊人，尤其是对色彩、音符和文字都极为敏感。后来，张爱玲还在作品《天才梦》中傲气地写道：我是一个古怪的女孩，从小被视为天才，除了发展我的天才外别无生存的目标。

1930年，张煐改名为张爱玲。改名没有其他目的，就是为了上中学报名方便，爱玲为英文Eileen的译音。也就在这一年，刚满10岁的张爱玲目睹了父母的离婚，她那并不温暖的家庭彻底解体了。张爱玲很想跟母亲一起生活，逃离父亲和继母的家庭，但黄逸梵却拒绝了她的要求，因为相对而言张志沂的经济状况要好一些，而且他对张爱玲还算有父女之情。最终，张爱玲跟随父亲继续生活，居住在宝隆花园（今延安中路740弄10号），她的母亲和姑妈张茂渊搬到了法租界白尔登公寓（今上海陕西南路213号）。

父母的离婚对张爱玲和她的弟弟张子静的一生产生了极大的影响，当然，那都是负面的。由于富有才华的母亲黄逸梵因为包办婚姻找了一个懦弱、自私又完全不爱自己的男人，导致了一生的悲剧，张爱玲从很小的时候就有了一个根深蒂固的想法：她一定要找到一个自己真正喜爱，而且他又爱自己的出色男人，不要像母亲一样被一场无爱的婚姻毁掉一生。

冲突与出走

1931年，11岁的张爱玲进入美国圣公会在上海白利南路（今上海长宁路1187号）所创办的贵族学校——圣玛利亚女中就读，这段时间她开始阅读名著《红楼梦》，并且已经表现出写作方面的才华。1932年，张爱玲在该校的校刊上发表了短篇小说处女作《不幸的她》；1933年，她在该校刊发表了第一篇散文《迟暮》。虽然这些都是学校报刊上的玩票之作，但对于十二三岁的孩子来说已经相当难得。某种程度上说，张爱玲同一心追究艺术成就的潘玉良（后文会讲到）不同，潘玉良一生投身于艺术，在贫困的生活中实现自己艺术上的追求，而张爱玲只是把写文章当作一种谋生的方式。从某种意义上来说，张爱玲和阮玲玉很像，她们都是旧上海小女人的典型代表。1934年，张爱玲也完成了小说处女作《摩登红楼梦》。这是一部无厘头的《摩登红楼梦》，讲宝玉出国，贾琏当了铁路局长，芳官变身娱乐明星，一般认为这是张爱玲的练笔之作。当时父亲张志沂对张爱玲还是喜爱的，他津津有味地读完女儿这本其实很无聊的书，还亲自为这本书撰写了回目。

1934年，张爱玲已经14岁了，此时张家又发生了极大的变化。张爱玲的父亲张志沂在离婚四年以后，终于赶走了那个蛮横的小妾，并且同民国政府前总理孙宝琦的女儿孙用蕃（时年36岁）在国际饭店举行婚礼，张爱玲又多了一个继母。孙用蕃的到来对张家也有很大的好处，除了带来一大批陪嫁以外，孙用蕃人品比较端正，治家有方，把整个乱七八糟的家庭治理得井井有条，连颓废的丈夫张志沂也对她言听计从，开始走上正道，不但正正经经地出门工作，还在一家日资的银行做到了经理的位置，成为一个职场成功人士，整个张家的经济情况开始好转。同时，继母孙用蕃对张爱玲还算不错，两人基本没有正面冲突，但对身为男孩子的张子静则要求非常严格，因为孙家家风就是这样。没想到的是，张爱玲却因为各种原因，对这个继母非常仇视。也许是她认为继母抢走了自己父亲的心，又或许是她认为继母在“虐待”弟弟。此后数年中，张爱玲同父亲、继母关系急剧恶化，她开始经常去母亲家寻找心灵的慰藉。

1937年抗日战争爆发，此时张爱玲刚刚从中学毕业。他们全家都在上海的租界中，租界外的激战对他们并没有太大影响。但父亲张志沂还是辞去了工作，他害怕因为在日资银行工作而被定为汉奸，最终辞职了事，家中再次陷入经济危机。此时张爱玲并不管家里的事情，在母亲的建议下，她一再要求父亲给钱，好出国留学。张志沂一来拿不出这笔巨款给女儿，二来前妻是在出国留学后和他离婚的，这让他对女人出国极为反感，认为这是不走正道，读书完全可以在国内。为此张爱玲经常跟父亲争吵，还屡屡搬出母亲的话来反驳父亲。继母孙用蕃本来没有干涉张氏父女间的矛盾，直到一次她听见张爱玲说的话实在过分，忍不住当场责骂了两句——“你母亲离了婚还要干涉我们家的事？既然放不下这里，为什么不回来？可惜迟了一步，回来只能做姨太太！”

这时张父对张爱玲已经有所不满，他认为自己即便对不起所有人，对张爱玲还是不错的。可是，张爱玲居然对父亲已经没有什么感情了，不但没有任何报恩的心情，现在更想要借助留学一脚把他踢开，这是张父所不能接受的。更让张父失望的是，1938年的某一天，张爱玲和继母爆发了一次激烈的冲突，彻底点燃了家庭矛盾的火焰。当时淞沪战役还没有结束，上海市区的治安比较混乱，租界中土匪、流氓横行，经常有抢劫、强奸的案件发生。因此，继母孙用蕃要求张爱玲和张子静姐弟不得随便离家，防止出现意外。如果非得出门，一定要征得她的同意。可张爱玲根本没有把继母放在眼里，她前往母亲黄逸梵住所住了整整两周，走之前只跟躺在床上抽大烟的张父交代了一句。正吸食鸦片的张父当时没有听清张爱玲说了什么，只是随口答应了一句。两周后，张爱玲回到父亲家时，为她担心不已的继母孙用蕃勃然大怒，大声地责问张爱玲离开为什么不打招呼？几番言语交锋之下，继母被张爱玲冷冷的语调气坏了，甩手给了她一巴掌。没想到的是，张爱玲立即还手，孙用蕃当场就被打傻了，在当时的上海滩，恐怕还没有一个女儿敢打母亲的，哪怕是继母。孙用蕃一边哭一边大叫道："她打我！她打我！"张父听到下面的吵闹赶忙下楼，看到妻子被女儿打了，不觉勃然大怒，当场对张爱玲一顿体罚，随后又将张爱玲关了禁闭，不允许张爱玲外出。这一关就是半年多，期间张爱玲对父亲和继母非常仇恨，她曾经写道：真希望有一个炸弹落下来，炸死他们也炸死我，我跟他们同归于尽！

后来，张爱玲找了一个机会逃到了母亲家，她本以为母亲肯定会收留她，没想到平时心肝宝贝叫着的母亲，等到女儿真正要住到自己家里时却又是另外一个样子。张爱玲回忆，当时母亲给了她两条路让她选择：要么嫁人，用钱打扮自己；要么用钱来读书。张爱玲最终选择了后者。

一举成名

1939年，张爱玲考取了伦敦大学的奖学金，准备前往英国留学，却因第二次世界大战爆发而改入香港大学文学院。1941年12月8日，太平洋战争爆发后，当年12月25日，日军占领了香港。1942年，张爱玲不得不中断学业，回到上海。她准备就读于圣约翰大学，完成学业。但此时张爱玲的母亲离开了女儿，不知去向（其实是去了英国），张爱玲只得向她曾经无比仇视的父亲寻求帮助。

由于和继母打过架，张爱玲认为此去必遭羞辱，完全是硬着头皮前往。不过张父还是惦记着这个女儿的，主动让儿子张子静通知她来家里商量。在客厅里，张爱玲见到了父亲张志沂，她简略地把求学的事说了一下，张父语气很温和，叫她先去报名转学，学费随后就为她筹措。虽然张父愿意给钱，可是张爱玲入学仅仅两个月后就退学，一方面是因为圣约翰大学师资力量太差，张爱玲不肯浪费时间；另一方面是学费有了着落，但生活费还是问题，敏感的张爱玲不愿意给窘境中的姑姑增加负担（当时张爱玲暂时住在姑姑家，生活费由姑姑负责）。既然无心读书，那么只能全力赚钱养活自己了。为了生活，张爱玲最终走上了职业作家的道路。现在看来，好作家大多是生活所迫，类似于张爱玲这样的女子，唯一擅长的谋生方式就是写作，这种生活的压力反而促成了她在艺术创作上的成就。

当时张爱玲租住赫德路爱丁顿公寓（常德公寓，现址为上海市常德路195号）51室（1942年迁至65室），与姑母张茂渊为邻，当年她年仅22岁。作为一个文坛新人，她只能为报刊撰写影评获取低廉的稿酬，勉强养活自己。1943年春，张爱玲偶然见到了上海著名作家周瘦鹃，并且获得他的赏识。于是在1943年至1945年的三年中，张爱玲得以连续发表多篇轰动性的中短篇小说，包括《沉香屑的第一炉香》《倾城之恋》《心经》《金锁记》等，在沦陷时期的上海一举成名，所以后世一般认为张爱玲一生的黄金创作生涯就是从1943年到1945年的短短3年时间。

当时除了姑母和弟弟以外，真心为张爱玲高兴的还有他的父亲。据张子静回忆说，他把这载有张爱玲文章的杂志拿回家中，告诉父亲，姐姐发表了一篇小说，张父只“唔”了一声，接过杂志。尽管张父后来对这部小说只字不提，但张子静猜想，张父一定仔细看过的，因为他经常发现这本杂志放在张父的床头。

悲剧的情感

然而事业上的成功带给张爱玲的不仅是名利，还有心怀不轨者的窥视。1944年，张爱玲结识了汪伪政权的宣传部次长、汉奸文人胡兰成，也正是和胡兰成的交往改变了张爱玲的一生。胡兰成是浙江嵊县胡村人，生于1906年，他出身穷苦人家，多年混迹江湖的经历让他养成了唯利是图、追求奢侈享乐的生活习惯。青年时代，胡兰成在燕京大学旁听课程，本人刻苦好学，具备了一定文学才华。可惜他人品相当低劣，从国家大义上来说，基本属于无耻小人中的极品。上海沦陷后，胡兰成被汪精卫调到香港《南华日报》担任编辑。他揣摩主子的意思，写了一篇肉麻之极的卖国社论《战难，和亦不易》。这篇文章正好“解开”了汪精卫和陈璧君（汪精卫之妻，也是著名的汉奸）的心结，陈璧君立刻提升胡兰成为《中华日报》的总主笔。1940年，汪精卫卖身投敌，南京汪伪政府成立，胡兰成为了名利，跟随汪精卫叛国，先后担任了汪伪宣传部常务副部长、法制局局长、《大楚报》主笔，彻底成为一个铁杆汉奸。

从某种意义上说，胡兰成和张爱玲感情的开始，就在于老辣的胡兰成对年轻张爱玲的引诱。当时胡兰成在报纸上看到张爱玲的文章，并且特地要到她的照片以后，对这个文采出色、相貌也还不错的女孩产生了兴趣。接下来，已经38岁、结过三次婚、身为情场老手的胡兰成主动去张爱玲家拜访，张爱玲本不想见这个陌生男人，可胡兰成毕竟是伪政权的宣传部次长，张爱玲一个小文人不能随便得罪他。第一次见到张爱玲，胡兰成顿时心里有了底。张爱玲的文章似乎很成熟，可她人却像一个中学生一样，显然没有任何感情经验。胡兰成对于这种女孩可谓手到擒来，他投其所好地进行攀谈，很少和男人说话的张爱玲被胡兰成的谈吐迷住了，两人一谈就是五个小时。

这时张爱玲已经24岁，因为性格孤僻，从没有恋爱的经验，这一次和一个“风度翩翩”的男人热情交谈，她的心中有了小鹿乱跳的感觉。不久，在胡兰成的种种手段之下，张爱玲彻底坠入了爱河，胡兰成每个月从南京前往上海一次，一住八九天。每次回上海，他都径直赶到赫德路，先去和张爱玲约会。恋爱中的张爱玲很快乐，也对爱情极为憧憬，她在日记中写道：一个人在恋爱时最能表现出天性中崇高的品质。这就是为什么爱情小说永远受人欢迎——不论古今中外都一样。不过，张爱玲知道胡兰成有

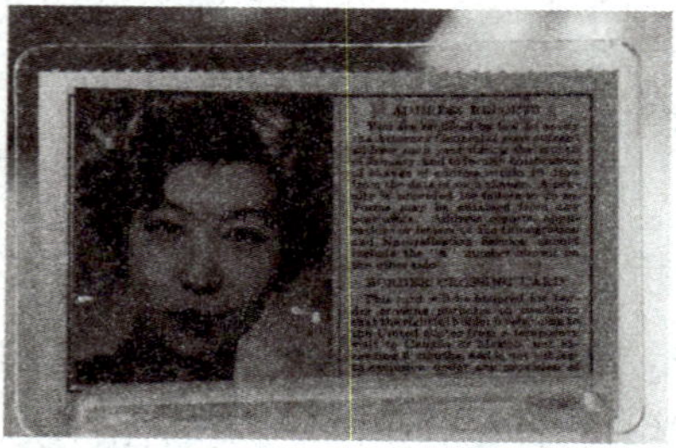

张爱玲在美国使用过的图书证

妻子的，也知道胡兰成的年纪几乎跟他父亲一样，更知道胡兰成是个著名的“文人汉奸”。只是恋爱中女人的智力为零，张爱玲根本没有多想这些，只是希望胡兰成可以跟妻子离婚，两人就可以长相厮守。

1944年8月，胡兰成与第三任夫人离婚后，与张爱玲在上海秘密结婚，然而这场婚姻注定成为张爱玲一生的噩梦。个人生活相当糜烂的胡兰成只是把张爱玲当成了一时的猎物，当新鲜感消失的时候，毫无道德可言的胡兰成自然就恢复了见一个爱一个的放荡本性。1944年11月，在张胡二人结婚后还不到3个月的时候，胡兰成到湖北担任《大楚报》的主笔，开始了与张爱玲的长期分离。胡兰成刚刚到达武汉，就在医院勾引一名年仅17岁的护士，并迅速与之同居。而张爱玲当时还为两人的分开肝肠寸断，就像她的作品里面写的：“我要你知道，在这个世界上总有一个人是等着你的，不管在什么时候，不管在什么地方，反正你知道，总有这么个人。”

梦醒时分

1945年3月，胡兰成从武汉回到上海，当时已经听到风言风语的张爱玲质问他，胡兰成这才承认了自己的背叛。张爱玲大受打击，她对于爱情的美好憧憬由此破灭，也就是从这一天开始，张爱玲再也没有写过一部能和《倾城之恋》相媲美的作品。她在1951年所著的《半生缘》，后来也被证明是仿照美国作家马宽德小说《普汉先生》改写的，不能算是原创。此时胡兰成赌咒发誓，一回去就作了断，只爱张爱玲一个人。但胡兰成回到了武汉，就立即忘了自己的赌咒发誓，再次将张爱玲抛于脑后。

1945年8月15日，日本宣布投降，汉奸胡兰成的末日也到来了。他知道人民不会放过他这种人，于是逃到了浙江乡下，化名张嘉仪，称自己是张爱玲祖父张佩纶的后人。1946年2月，张爱玲由于相思之苦，放弃一切前往浙江探视。这时张爱玲已经因为跟胡兰成结婚惹上了很多麻烦，在1945年出版的《文化汉奸罪恶史》中，张爱玲榜上有名，这在当时是一件声名狼藉的事情。可没想到刚一进入胡兰成的暂住地，张爱玲就亲眼看见胡兰成和当地一名孀妇鬼混，这让张爱玲深受打击，她很快就回到了上海。此后的几个月里，张爱玲仍然将自己的稿费寄给胡兰成做生活费，而此时胡兰成生活得非常滋润。

因为经济上不足以支持胡兰成的花费，张爱玲从1946年开始放弃写原创小说，转而写赚钱更多的剧本，由此她的艺术生涯大体结束。期间有一次，胡兰成返回上海找熟人打点，想让当局不再追究汉奸的问题，他还在张爱玲处住了一夜。此时胡兰成相当无耻，他不但不忏悔自己的滥情，反倒指责张爱玲对他干涉过多，对一些生活细节处理也不当。张爱玲无言以答，在文章中一段段的妙言一句也说不出来。第二天清晨，胡兰成去张爱玲的床前道别，俯身吻她，她伸出双手紧抱着他，泪水涟涟，哽咽中只叫了一句“兰成”，就再也说不出话来，这就是两人最后一次见面。1947年6月10日，经过数年感情上大起大落的张爱玲终于醒悟了，她明白这不是爱情，而是胡兰成在利用她，甚至玩弄她的感情。张爱玲此时还是坚决的，她毅然写信与逃亡中的胡兰成分手，让胡兰成去追求他认为开心的生活。张爱玲在信中写道：“我爱你，为了你的幸福，我愿意放弃一切，包括你。你死了，我的故事就结束了，而我死了，你的故事还长得很。”

晚年生活

1949年，上海回到了人民手中，张爱玲并没有前往台湾，而是继续留在上海。1952年7月，张爱玲迁居香港。1953年，也就是张爱玲离开上海的次年，她的父亲张志沂在租住的上海江苏路285弄28号吴家小客厅去世，终年57岁。张志沂最后十年内，基本依靠妻子孙用蕃的嫁妆生活，包括张爱玲的学习费和生活费也都来自于此。可惜坐吃山空，金山银山最终也会花光。也许是形势不允许，也许是对父亲的恨意未消，张爱玲没有参加父亲的葬礼。1957年，张爱玲的母亲黄逸梵在英国伦敦去世，终年64岁，张爱玲也没有前去出席葬礼。

1955年，张爱玲离开香港去美国定居。1956年3月到6月，生活窘迫的张爱玲居住在新罕布什尔州彼得堡，年已36岁的她结识了比她大近30岁的左翼剧作家赖雅，同年8月14日，两人举行了婚礼。张爱玲和赖雅的婚姻大体上还算和睦的，赖雅为人真诚善良，对张爱玲很好；只是因为张爱玲无法依靠写作在美国生存——美国主流世界不能理解东方人的世界观和爱情观。一部部作品写出来，一部部被出版社拒绝。而赖雅作为亲共作家在当时为主流社会所排斥，两人的日子过得很艰难。

1961年，生活陷入困境的张爱玲被迫到香港和台湾寻求机遇，当时她41岁。遗憾的是，此时年纪很大的赖雅突然中风，最终瘫痪卧床，张爱玲只得从香港回到美国照顾丈夫。1967年10月8日，赖雅去世，随后的30年中，张爱玲一个人在美国洛杉矶独居，几乎不见其他人，也不和其他人说话，完全地自闭起来，以至于房东太太后来遇到记者采访，出现了开始的一幕。期间有好心的朋友劝张爱玲还是要融入美国社会。可惜张爱玲孤傲又软弱，始终无法融入美国这个早已现代化了的社会。她的生活越来越封闭，最后把自己关起来，有人给她打电话要事先写信预约，她连友人书信也懒得看了。为了逃避，张爱玲晚年搬家次数高达180多次，用她自己的说法，她仅仅是摆脱床上的虱子。在洛杉矶的最后23年里，为了躲避这种令她触之丧胆的小东西，她在各地旅馆辗转流徙，随身只带几个塑料袋。在搬家中，财物抛弃了，友人的书信遗失了，甚

2010年10月31日，大型音乐剧《张爱玲》在北京上演，照片中的演员扮演的就是带给张爱玲半生不幸的胡兰成。

至连她花几年心血完成的《海上花》译稿也不知所终。去世前4个月，她还写信给朋友，说想搬到亚利桑那州的凤凰城或内华达州的拉斯维加斯去——这两个地方都是沙漠，也许她以为在沙漠里可以摆脱被虱子啮咬的苦恼。后人认为，这并非单纯的隐居，也不是单纯的搬家，而是张爱玲呈现出越来越显著的心理疾病。1995年9月8日，张爱玲的房东发现她逝世于加州洛杉矶西木区罗彻斯特大道的公寓，当时她已经去世整整一周时间了。张爱玲终年75岁，死因是动脉硬化引发的心血管病。她去世的屋里没有床，她就躺在地板上，身上盖着一条薄薄的毯子。

一个曾经无限风光的女人以一种最凄凉的方式逝去，实在让人感叹。张爱玲有部著名的作品叫作《红玫瑰与白玫瑰》，但她自己一生究竟是红玫瑰还是白玫瑰呢？恐怕连她自己也搞不清楚。

潘玉良

画中之魂

2012年台湾罗芙奥春季拍卖会中，一位民国女画家的彩墨画《浴后四美姿》以113.732万美元的高价成交。而这还不是极限纪录，这位女画家画作的最高拍卖纪录是2005年由香港佳士得拍出的《自画像》，成交价为1021.8万元人民币。其实从2000年以来，她的画作屡次创下拍卖纪录，如果按照拍卖市场的均价计算，这位女画家的4000多幅作品拍卖总价可以达到数亿美元，这让她和林风眠、刘海粟、徐悲鸿、赵无极等著名男性画家一起成为拍卖市场中最炙手可热的人物。说来说去，这位才华横溢，作品受万人追捧的女画家到底是谁呢？她就是大名鼎鼎的女画家潘玉良。

跳出火坑

从古至今，中国的顶级画家基本都是清一色的男性，几千年来似乎还没有著名的女画家名载史册。但在民国历史上，却有一个号称“中国画魂”的女画家留下了一段多彩的人生烙印，她就是学贯中西的潘玉良。

潘玉良原名陈秀清，1895年6月14日出生于江苏扬州。潘玉良出身穷人家庭，她幼年时父母双亡，8岁时就跟舅舅一起生活。潘玉良的舅舅是个无赖，好酒好赌，吃闲饭的潘玉良在舅舅家住了5年，期间颇受欺辱。潘玉良13岁的时候，她的舅舅欠了一大笔赌债无力偿还，就把潘玉良卖入安徽芜湖的妓院。好在潘玉良发育较晚，再加上长相普通，所以还能在那个大火坑中勉强度日。当时妓女离开妓院无非就是两个办法：一是自己存钱，然后自行赎身；二是期待有人给她赎身。没想到的是，相貌平平的潘玉良运气很好，她很快等到了愿意帮助她的人。

1913年，新任盐督潘赞化到芜湖上任，当地的盐商们为了迎接父母官大操大办，请了一批妓女作陪，还没有赎身的潘玉良就是众多唱小曲的女童之一。潘赞化1885年出生于安徽桐城西乡（今安徽桐城市潘家楼），他早年参加过孙中山组织的兴中会和徐锡麟组织的安庆起义，失败后流亡日本，进入早稻田大学攻读兽医专业。辛亥革命胜利后，潘赞化回到国内，投奔革命党出身的安徽督军柏文蔚，被任命为芜湖盐督。初入官场的潘赞化是个有着新思想的青年，对老一套的官场习俗深恶痛绝，虽然参加了盐商组织的接风宴，却抱着一种勉强敷衍的态度，并不与人攀谈。巧合的是，潘玉良在宴会上一反常态地唱起了京剧中的黑头唱腔，这让原本无心应酬的潘赞化觉得很有意思，不禁夸奖了几句。酒宴结束后，盐商们将潘玉良用一顶小轿送到潘府，准备用美色收买潘赞化。

潘赞化一夜酒醉未醒，第二天醒来以后发现潘玉良已经到了府中，大吃一惊。他命令仆人立即将潘玉良送回妓院，没想到潘玉良跪倒在地，请求不要送她回去。在听完潘玉良的哭诉后，潘赞化不觉动了恻隐之心，最终决定为潘玉良赎身。潘玉良得知后，再次跪倒在潘赞化面前，表示愿意做牛做马，一生伺候潘赞化。潘赞化却告诉潘玉良，他已经根据父母之命在老家结婚，如果再娶潘玉良，也只能让她做妾了。潘玉良一咬牙表示不在乎，潘赞化却不同意，他认为如果没有感情，只凭欲望纳妾，那同野兽没有什么不同。不过无父无母的潘玉良显然也没有地方可去，潘赞化就留她在身边当了侍女。没想到的是，一番相处下来，两人日久生情，潘赞化觉得潘玉良生性善良、待人真诚；潘玉良眼见潘赞化虽然官衔很高，却从不贪污腐败，也没有任何恶习，平时娱乐就是书法和绘画，对其也是非常敬佩。另外，潘赞化身材高大魁梧，举止潇洒，言谈高雅（晚年他留了长须，还得了一个美髯翁的称号），

潘玉良（中间）在法国留学时和同学的合影

因此也赢得潘玉良的芳心。一年以后，潘赞化决定正式娶潘玉良为妾，由大名鼎鼎的陈独秀做了证婚人。

绘画天才

然而感情上有了寄托，潘赞化的仕途却开始走了下坡路。由于为官清廉，执法严格，他为芜湖商人团体所嫉恨。在袁世凯安排军阀政客倪嗣冲为安徽都督后，潘赞化也被解职，寓居上海。这段时间，潘赞化无所事事，他发现潘玉良对绘画很有兴趣，就传授了一些基础知识。没想到，潘玉良在绘画方面才华横溢，远远超过了丈夫兼启蒙老师。作为一个有新思想的男性，潘赞化拿出大笔钱款供潘玉良学习。由于潘玉良文化程度低，潘赞化先找一些家庭教师给其系统地补充文化知识和绘画技巧，并在1918年送潘玉良参加上海图画美术院（后改为上海美术专科学校）的考试。潘玉良也不负所望，以素描第一名的成绩入学。

此后的几年中，潘玉良天生的才华在高等学校专业技能的培训中“发酵”，她师从当时著名的画家朱屺瞻、王济远，绘画水平突飞猛进。潘玉良性格豪爽，经常跟男同学一起出去绘画，甚至游玩。有一些知情人偷偷告诉潘赞化，说看到他老婆跟几个男同学一起出去。潘赞化却不以为意，认为妻子性格直爽，这些都是正常交往。有让人醉心的学习生活，又有如此豁达的丈夫，这段学习生活成了潘玉良一生中最快乐的时光。

都说艺术家是最容易接受新思想的一类人，潘玉良在这段学习期间，也接受了很多西方的新观念。她胆子奇大，什么都敢尝试，特别是时人眼中“大逆不道”的人体绘画。现在我们都知道西方绘画中，对于人体的绘画有着悠久的历史，尤其对于裸体的绘画更是考验画家基本功的一种模式。可是当时中国民风保守，根本无法理解人体绘画这种“伤风败俗”的事情。1917年，潘玉良的老师、大画家刘海粟在上海美专举办了人体绘画展，结果在社会上引起了轩然大波，有人抨击刘海粟是“艺术叛徒”和“教育界之蟊贼”。1926年，北洋政府正式禁止上海美专进行人体写生，直系军阀孙传芳还下令通缉刘海粟。迫于压力，模特纷纷离开，潘玉良也失去了绘画的对象，只得罢笔。不过胆大的潘玉良并未就此死心，一次在女浴室洗澡时，她灵机一动，决定偷画那些来洗澡的妇女们。可没等她画上几笔，就被别人抓了正着，一群妇女围拢过来，发现画纸上都是裸体女人，气得就要围殴潘玉良。还好旁边一个老太太劝解，说潘是学美术的学生，几个妇女这才没有动手，但将画纸撕得粉碎。潘玉良带着画笔落荒而逃，由此再也不敢去浴室偷画了！

可这还不算完，“画心”难耐的潘玉良决定把自己当作模特，她脱掉衣服，对着镜子一笔一画地画起来，完成了几幅人体绘画。无巧不成书，正好赶上潘赞化从云南赶到上海探望潘玉良，没想到一进门就看到几幅裸体画，就询问潘玉良模特是哪里来的。潘玉良实话实说，从来没有发过脾气的潘赞化大发雷霆，他大声斥责潘玉良太过分了，她上学，留学，学习新思想，甚至跟男同学外出他都能接受，但绝对不能容许自己爱人的人体绘画在大庭广众下展出。潘玉良看到这种情况，只得作罢，由此夫妻二人之间产生了隔阂。不久，潘玉良将自己的苦恼告诉了老师刘海粟，刘海粟就建议她留学欧洲，到西方绘画艺术的发源地看看。1923年，潘玉良考取巴黎国立美术学院。1925年，潘玉良以第一名的成绩毕业，随后她前往意大利，进入罗马国立美术专科学校学习油画和雕塑。1926年，她的作品在罗马国际艺术展览会上荣获金奖，打破了该院历史上没有中国人获奖的纪录。潘玉良的优势在于，她并非完全学习西洋绘画，而是在画作中加入中国元素，算是中西合璧的典范。再加上她极为扎实的欧洲绘画功底，超乎常人的绘画天分，让她的很多作品后来都成为划时代的名作。有些研究潘玉良的学者指出，正是由于潘玉良与众不同的经历和性格，以及她本人不曾接受传统艺术启蒙，才使得潘玉良成为20世纪前期最为突兀、也最具代表性的女性艺术家。

情感纠葛

在绘画事业上潘玉良一路顺风，但在个人感情上她却难称如意。她的丈夫潘赞化是一个有抱负、有理想的人，一心想与旧时代的陈规做斗争。1915年，就在潘玉良于上海接受文化补习的时候，潘赞化只身前往云南，进入了蔡锷的护国军，参加了著名的“护国战争”。袁世凯病死、护国胜利后，潘赞化又被北洋政府压制，多年间辗转各地担任中低级官僚，夫妻两人可谓是聚少离多，并没有享受到多少家庭的温暖。

此外，潘赞化原配夫人和潘玉良的冲突也逐渐出现。潘赞化的原配夫人出身旧式家庭，对于潘赞化迎娶妾室（这个妾室还出身风尘）并不满意，但由于三人分居三地，一时矛盾还不明显。处于缓和关系的考虑，潘玉良建议潘赞化将儿子潘牟（潘赞化原配夫人之子）接到上海上学，由自己照顾。潘赞化采纳了她的建议，将儿子交予潘玉良教养。善良的潘玉良也非常尽职，对潘牟照顾有加。潘牟12岁时生了一场大病，数日昏迷不醒，医生都让家属准备后事，潘玉良衣不解带地护理了一周，最终将潘牟从鬼门关上拉了回来。此后数十年间，潘牟和潘玉良的书信往来，都是以“亲爱的吾妈”“牟儿”互称，潘玉良的所作所为可算是东方女性的典范了。可惜，丈夫分居，爱子别离让潘赞化的原配夫人苦闷异常，她不顾潘赞化的反对，也来到上海生活，这样，潘家一下子就出现了两位女主人。由于潘玉良知书达理，年纪又轻，潘赞化对潘玉良有一定的偏爱，原配夫人对此自然不满，口角也就在所难免。一次，原配夫人眼疾发作，双目失明，潘赞化只得把大部分精力放在原配太太身上。家庭搞成这种样子，潘玉良也心灰意冷，她向丈夫提出前往国外留学，潘赞化虽然不愿意妻子离开，可他认为潘玉良素有大志，不能因为自已埋没她的才华，最终同意了潘玉良的请求，这才有了潘玉良前面的欧洲文化之旅。

世俗偏见

1928年底，潘玉良学成回国。由于她名气很大，第二年就被任命为上海美术专科学校西画系主任。次年，南京中央大学艺术系的学长徐悲鸿聘请她担任油画教授。此后的十年是潘玉良创作的黄金时期，可惜她却为社会所不容，遭到了一些不公平的待遇。

1932年，潘玉良举办了个人的第一次画展。其中最著名的一幅画《壮士》，描绘的是一个肌肉发达的男子正努力地搬开一块巨岩，岩石下脆弱的小花得以绽露笑脸。当时，日本人刚刚发动“九一八事变”不久，亡我中华之心昭然若揭，这幅极具象征意味，表达了中国人不屈的意志，被一位官员以1000块大洋的天价订购。没想到的是，画展结束时，有人蓄意破坏了潘玉良的所有作品，《壮士》那幅画也被写上了“妓女对嫖客的颂歌”字样，这让潘玉良很受打击。其实早在上海美专求学时，潘玉良已经遭受过这种待遇。一名女同学知道她曾经做过妓女，就找到校长要求退学，名曰：“誓不与妓女同校。”而在潘玉良任教中央大学艺术系期间，一些同僚看不惯她的作风，私下说一些“凤凰死光光，野鸡称霸王”的诋毁语言。一次，一个和潘玉良有矛盾的男教师借酒装疯，当面骂了一句“婊子”，被潘玉良当场打了一个耳光。

除了对潘玉良出身的嘲讽外，一些别有居心的人还认为潘玉良背后有“枪手”，理由是女人不可能画出这么好的作品。潘玉良在上海举办第四次画展时，她把自己的一些比较得意的作品当众展出。可在画展之前的记者招待会上，有一个记者挑衅性地提问说：“潘女士，听说你的这些画都是他人代笔，你每个月还向人支付润笔费，是否确有其事？”当时全场都安静了，一些人面带讥笑地准备看潘玉良出丑。可从容不迫的潘玉良哪里会给这些人机会，她走到一个在临摹她的画的学生面前，把画板、油彩借过来，对着玻璃窗子开始画自己的自画像。刷刷刷，几分钟就画好了一幅素描，潘玉良将其展示给记者们欣赏，台下顿时响起了一片热烈的掌声，代笔的谣言不攻自破。

寓居海外

1937年，抗日战争全面爆发，潘赞化投身其中，为抗战多方宣传。由于丈夫不在身边，时局又乱，潘玉良只好和潘赞化的原配夫人住在一起，两方矛盾再次激化。此时的潘玉良实在无法忍受，她只得离开中国，前往法国旅居，由此在国外居住了40年，一直以卖画为生。当时的留学生们回忆：潘玉良生活并不富裕，但是生性豪爽乐于助人。她常留短发，喜喝酒，不拘小节，说话时声音很大，气势不让须眉，颇有男子气度。值得称道的是，潘玉良的旅居生活并不宽裕，但她却将在欧洲卖画得到的钱款，捐

潘玉良作品《提篮的女童》

按照评论家的说法，潘玉良的作品融中西画之长，又赋予自己的个性色彩。她的素描具有中国书法的笔致，以生动的线条来形容实体的柔和与自在，这是她自成一派的风格。

往国内，支持抗战事业；她还创作名为《屠杀》的画作作品以揭露日本法西斯的累累罪行……种种的行为证明她是一位爱国的艺术家，田汉先生就曾经撰文高度评价了潘玉良的爱国行动。

抗战胜利后，潘赞化的原配夫人已经去世，潘赞化孤身返回桐城老家，潜心教育工作，成为当地中学的一名老师。得知以上消息后，潘玉良打算回国和丈夫团聚。然而没等她启程，内战爆发了，身处异乡的潘玉良和潘赞化失去了联系，只好暂时终止了归国计划。中华人民共和国成立后，潘玉良和丈夫取得了联系，但朝鲜战争的爆发让中法之间的外交关系暂时中断（法国也派军队参加了所谓的“联合国军”），潘玉良再次失去了返乡的机会。1959年，潘赞化病逝于安徽老家，潘玉良在国内已经没有一个亲人，她彻底打消了回国的想法。此后几十年，她自称“三不女人”：不谈恋爱，不加入外国国籍，不依附画廊拍卖作品，终日在卧室进行绘画创作。可由于潘玉良的画作和欧洲传统绘画有所区别，并不被欧洲主流艺术界所接受，所以她的作品成交的很少，潘玉良的生活过得非常艰难，最困难的时候只能靠友人接济和法国政府提供的救济金度日。即便如此，勤奋的潘玉良也没有放弃作画。此时她的画风已经完全成熟，后人评价她的作品“不论是气度、修养，还是技术，在中国早期女性西画家中无人可比，在男性西画家中，也数上乘水准”。

1977年，潘玉良病逝于法国。临终之前，她交代给友人三个遗愿：第一，为她换上一套旗袍，作为一个中国女人下葬；第二，将潘赞化送给她的项链和怀表转交给潘家的后代；第三，把她的作品带回祖国。友人按照她的嘱托将她的4000多幅作品交给了中国驻法大使馆。1984年，潘玉良的作品远涉重洋，回到了祖国。

潘玉良一生是不幸的，也是幸运的，至少她的作品在她身后被世人所肯定，而她一心追求艺术的故事也始终被人们所牢记。

阮玲玉

悲剧女星

1935年3月14日，一个女子的灵柩正从上海万国殡仪馆移往闸北的联义山庄墓地。紧随灵柩前行的是这个女人生前的好友，总数高达300人。在灵柩外层，则是数量极为惊人的送葬人群。送葬的队伍紧随着灵柩排成长龙，灵车所经之处，万人空巷，沿途夹道相送多达20万人。一个美国记者在葬礼当天刚刚到达上海，他目睹这一切震撼不已，随即向中国同行询问：这个场面太宏大了，是不是中国的皇帝或者总统去世了？中国同行告诉他：不是，去世的女人叫作阮玲玉，是一个电影演员。

卑微的出身

阮玲玉原名阮凤根，学名阮玉英，1910年出生于上海。阮玲玉生长在一个上海底层的贫民家庭，她6岁时，在工厂做工的父亲因病去世，全家仅靠她母亲给人做佣人苦苦支撑。幼年时，阮玲玉住在母亲帮佣的张家，渡过了她的童年时期。张家是上海有名的富商，家中有很多佣人。阮玲玉由于父亲早亡，家中也没有兄弟姐妹，几乎整天跟在母亲身边。母亲烧饭时候她帮着择菜，母亲扫地时候，她帮着抹桌子，就这样，阮玲玉在深宅大院的张家度过了整整9年时间。在张家人的眼中，阮玲玉只是一个佣人的女儿，一个小佣人而已。阮玲玉在张家人的轻视中长大，这样形成了她敏感、好强的性格。

阮玲玉的母亲很辛苦，每天从早到晚地干活以养活全家。不过，她对女儿阮玲玉非常好，从牙缝中省钱出来让她念书，阮玲玉也一直读到中学（上海崇德女子中学）。到了1925年，15岁的阮玲玉已经长成一个漂亮的大姑娘了。此时阮玲玉是一个标准的江南美女，她皮肤白皙细腻，五官端庄，眉目清秀，身材高挑，腰肢纤细。除了长相身材以外，阮玲玉更有一种温柔入骨的女人味，让所有看到她的男人忍不住心动。作为一个兼具美貌和智慧的女人，阮玲玉自然不会缺乏追求者，她很快让一个男人为她着迷，这个人也改变了阮玲玉的一生，甚至还导致了她的死亡。这个男人的名字叫作张达民，是张家的四少爷。

仓促成婚

张家曾是官宦世家，后来经营木料油漆生意发了大财。张家有四个少爷，前三个少爷都比较有本

阮玲玉在20世纪30年代的生活照

事，在社会上干出了自己事业，只有老四张达民最小，当时刚刚从大学毕业。由于张达民的年纪小，张家上下都非常溺爱他，凡事都顺着他，他从小娇生惯养，用今天的话说就是自我感觉良好。阮玲玉从小在张家长大，和张达民是很好的玩伴，两人也算得上青梅竹马。在外人看来，张达民是一个相当不错的男人，18岁的他刚刚大学毕业，年轻气盛，相貌英俊，爱打扮，爱玩爱闹，爱好各种体育运动，是典型的“高富帅”。

张达民和阮玲玉在少年时代就已经互相爱慕，不过阮玲玉的母亲一再告诫女儿：人家是少爷，我们是佣人，你千万不能高攀，不然会有无穷无尽的烦恼。可惜，母亲的教诲并没有被青春少女听进耳中。到了张达民18岁，阮玲玉15岁的时候，两人已经正式开始恋爱了。阮玲玉的母亲很快发现了女儿的异常，她自然坚决反对，可拗不过倔强的女儿，最终阮玲玉的母亲还是默许了女儿和张达民交往。可这件事情又被张达民的母亲知道了，张太太表示了强烈反对，公开表示决不允许自己的儿子找一个佣人的女儿做老婆。张达民的父亲也不肯接受，认为这段感情门不当户不对，张家会因此成为上海滩的笑柄。况且像张家这种人家，婚姻本身也是一种投资，并不是简单的事情。张家早给张达民看中了一个大富商家的女儿，如果两人结婚，张家等于娶进来一个“聚宝盆”，对两家都是有利的。可年轻的张达民立场非常坚定，他一再为阮玲玉辩解，和父母争取。当父母拒不接受的时候，从没有离家独立生活过的张达民，居然带着阮玲玉离家出走了。

张达民和阮玲玉在上海的一个小弄堂租了一间房子，开始了同居的生活。两人形同私奔的行为气坏了张家的长辈们。张达民的父亲勃然大怒，几乎要宣布跟儿子脱离关系。而张达民的母亲则迁怒于阮玲玉，她认为本来非常听话的儿子之所以不要父母，都是被阮玲玉勾引所致。所以，在张、阮两人同居的前几个月，他们没有任何经济来源，主要依靠张达民带出来的一些存款和他哥哥的暗中资助维持生活。到了后来，父母放不下张达民这个亲生儿子，按月给张达民一些生活费。阮玲玉的母亲也劝两人尽快回家去，可是此时的张、阮两人却没有这种想法，仍然陶醉在二人世界之中。

初入影坛

当时的张达民、阮玲玉还是刚刚成年的男女，他们一个18岁，一个15岁，一开始并不知道生活的艰辛。张达民是豪门少爷，他一来没有谋生的手段和能力，二来他也丝毫没有出去找工作的欲望，他每天做的事情就是带着阮玲玉四处玩乐，跳舞，看电影，逛商场，打麻将，吃吃喝喝。不可否认，张达民是个特别擅长玩乐的男人，他的舞跳得极好，也把阮玲玉教得极好，至于打牌更是一流，两人几乎吃遍了上海所有的著名饭店。这样“腐败”的生活方式自然花销不菲，张达民很快花光了自己的存款，父母给他的生活费往往到月中基本就用完了，两人开始陷入了窘境之中。张达民对此却并不在意，他认为实在混不下去就回家好了，父母肯定会收留他的。而阮玲玉性格比较倔强，也很有骨气，她认为就这样落魄地回去，一定会被人瞧不起，因此坚决主张靠两人的能力赚钱养家。可张达民显然不可能出去工作，他每天玩到深夜，然后一觉睡到第二天中午，这样的生活规律也不会有人请他做事。那么，只能靠阮玲玉想办法赚钱养家了。可是阮玲玉这样一个女孩子能干什么呢？做秘书，做小职员，做店员？这些都不需要没有工作经验的阮玲玉，而且这些工作赚钱太少，也不足以养活两个人。也就在这时候，阮玲玉的人生再次出现重大转机。

民国时期，电影业已经迅速在中国发展起来，而上海又是中国电影业最发达的地区。很多导演、投资人、演员都混迹在上海滩，一部部影片以极高的速度制作出来，而且往往都能赚得盆满钵满。而在蓬勃发展的电影界里面有一个叫作张慧冲的人物，他后来成为中国第一代著名导演和中国第一位武侠明星，更巧的是他还是张达民的大哥。张慧冲和张达民的兄弟关系很好，由于看着阮玲玉长大，对阮玲玉也还不错，从始到终都没有反对过他们的婚事，还经常背着父母来看这个弟弟，给钱给物，也经常跟弟媳阮玲玉聊聊天。当时阮玲玉已经对不思进取的张达民有所不满，加上家里生活也确实遇到实际问题，经常跟张慧冲抱怨。张慧冲暗中接济了两人很多次，可是自古救急不救穷，他给的钱很快就被弟弟花光了。阮玲玉认为靠别人接济不是长久之计，还得靠自己自力更生才行，她就求张慧冲帮忙给她找个工作。张慧冲犹豫了一下，问她：你想不想当演员？在当时，电影演员是很多上海女孩（包括张爱玲）非常向往的职业，阮玲玉当场表示愿意，张慧冲随后将她介绍到片场，由此开始了阮玲玉的演艺生涯。

大红大紫

当时的中国电影还处于起步阶段，演员成功三分靠努力，七分靠天分，而阮玲玉正是一位天才的演员。她16岁进入电影公司，还不到两年就开始大红大紫。当时的电影没有声音，也几乎没有字幕，类似于现在的哑剧，故事的演绎全部靠演员本人的演技，这是硬碰硬的功夫，半点儿做不得假。阮玲玉用她惊人的表演才华完全征服了导演，她最大的优点就是进入情景极快，每个镜头几乎都是一步到位，每一幕一般只拍摄一次，很少拍第二次。为此，她也被当时的导演称作“最省胶片的演员”。在1926年到1928年之间，阮玲玉连续出演《挂名夫妻》等5部电影，成为上海滩上一颗冉冉升起的新星。1928年，阮玲玉转入大中华百合影片公司，短短一年就主演了《情欲宝鉴》等6部电影，市场反响也很不错。1930年，阮玲玉再次改换门庭，加入黎民伟、罗明佑创办的联华影业公司，主演了《野草闲花》（饰演卖花女）等影片。此时阮玲玉已经20岁，她凭借出色的演技一举奠定了她在当时的中国影坛第一女影星的地位。

事业一帆风顺的时候，阮玲玉的家庭却出现了问题。1928年，张达民的父亲去世，他给3个儿子每人留了25万银圆的遗产，被他骂为逆子的小儿子张达民却只得到了几千元。可就这几千元也很快被张达民挥霍一空，这样一来，张达民从一个富家少爷彻底变成一个要靠老婆养活的男人。此后数年，两人主要靠阮玲玉拍戏赚

阮玲玉剧照

在20世纪30年代的上海，阮玲玉是当之无愧的一流女星，她是真正为无声电影而生的女演员，而所饰角色也多为生活苦难的悲剧女性，被看作是中国电影在默片时期的“悲剧女王”。

的片酬生活。阮玲玉平时忙着拍戏，回来以后还要伺候大少爷一样的丈夫，日子过得有些心酸。好在，家庭的问题暂时没有影响她事业上的成功，从1931年到1932年，她连续拍摄5部电影，都非常成功，获得市场的强烈好评。作为一个演技派演员，阮玲玉的戏路宽到让人瞠目结舌的地步，她可以演妖娆的姨太太、刁蛮的富家千金、羞涩的小家碧玉、清纯的女学生、放荡的舞女、黠慧的丫头、风情万种的交际花、凄楚堪怜的小寡妇、动了凡思的尼姑、俏丽动人的女秘书、顾盼神飞的歌女、艳丽雍容的贵妇等千变万化的人物。所有演过的这些角色，无一不像，无一不入骨三分。在没有对白，只有几句字幕的电影时代，往往阮玲玉出场一两分钟后，观众们就能知道她在演什么内容。她的每一个动作，都恰如其分，所有内心的独白都通过肢体语言表现得清清楚楚。

就在这时，动荡的社会环境中断了阮玲玉的演艺活动。1932年，“一·二八事变”突然爆发，上海的十九路军和日本侵略者展开了激烈的战斗，上海的闸北区被日军炸成一片平地，平民死伤无数。中国平民的生命都没有保障，电影也就拍不下去了，电影界人士为了躲避战火纷纷南下，阮玲玉也带着丈夫、母亲一起逃到了香港。

遇人不淑

就在香港，阮玲玉遇到她人生第二个男人，也是带给他伤害最大的唐季珊。此人是当时赫赫有名的茶叶出口商，家资百万，对拍电影也很有兴趣。不过他醉翁之意不在酒，所谓投资电影不是为了赚钱，只是为了结识到大量的女明星，便于他猎艳而已。阮玲玉在香港的一次聚会上和唐季珊偶然结识，当时阮玲玉22岁，唐季珊已经快40岁了，在老家广东还有老婆，同时还在香港跟女明星张织云同居。第一次见面，阮玲玉对唐季珊没有留下什么印象，只是单纯的应酬罢了，但唐季珊却对大名鼎鼎的阮玲玉很感兴趣。在他看来，阮玲玉各个方面都比现在的情人张织云要好得多，与其交往足以彰显自己的身份。于是唐季珊开始追求阮玲玉，尽管他知道阮玲玉是有丈夫的。

当时阮玲玉正处在人生的低潮时期，她带着家人刚刚从上海逃难到香港，语言不通，经济窘迫，而丈夫张达民还是半死不活的样子，每天只知道吃喝玩乐，正需要别人的安慰和照顾。而唐季珊是个情场高手，最擅长把握女人的心理，他又极为有钱，愿意在女人身上一掷千金。就这样，唐季珊乘虚而入，他咄咄逼人的感情攻势让阮玲玉失去了判断力，两人很快就有了实质性的交往。这种事在演艺圈是无法隐瞒太久的，唐季珊的情人张织云听说了这件事，看清了唐季珊真面目的张织云出于好心，写了一封信给阮玲玉，其中一句是：你看到我，你就可以看到你的明天，唐季珊不是一个好男人。可此时的阮玲玉正处于热恋之中，也就没当回事。不久，阮玲玉带着家人和唐季珊偷偷回到了上海，唐季珊为了获得阮玲玉的芳心，花费巨资在上海新闸路买了一栋三层的小洋楼，这也是后来阮玲玉自杀的地方。之后的一年里，唐季珊对阮玲玉非常好，可谓呵护备至，要什么给什么，远非不知冷暖的张达民可比。此时阮玲玉也以为自己找到了真正爱她的男人，完全沉迷于幸福中。

痛苦时刻

然而阮玲玉的幸福感没有持续很久，阮玲玉的丈夫张达民得知妻子私奔，立即从香港追赶到上海。当时张达民几乎气炸了，他认为自己为了娶阮玲玉不惜离家出走，放弃家中财产的继承权，成了一个身无分文的穷鬼，而阮玲玉在他落魄之后居然将他抛弃，是极端的无情无义。张达民很快找到了阮玲玉，阮玲玉表示两人已经不可能再在一起，张达民就要求阮玲玉赔偿他的损失，也就是他没有分到的25万银圆的遗产。阮玲玉当然拿不出这么大一笔钱，张达民就一次次地来索要。张达民也不是完全为了钱，他知道阮玲玉绝对拿不出这笔钱，他之所以不肯放弃纠缠，更多的是出于对阮玲玉的仇恨，认为阮玲玉背叛了他。

张达民一次次的讨要让阮玲玉心力交瘁，疲于应付。刚开始阮玲玉出于内疚，还拿出几十、几百的大洋交给张达民，但后来张达民胃口越来越大，开口就要5000大洋，阮玲玉已经很难负担。张达民几次讨要无果后，就威胁阮玲玉，声称要把她母亲做佣人，她本人15岁离家出走的事情全部曝光给媒体。阮玲玉原本一直小心翼翼地保守着这个秘密，见张达民竟以此要挟，她勃然大怒，随后将其赶走了。张达民此时已经非常潦倒，眼见阮玲玉如此强硬，就决定破罐子破摔了。他来到法院递了一张状子，说阮玲玉住在张家的时候，偷走了张家的很多东西，然后把这些偷来的东西全部送给了唐季珊。张达民这样诬告的目的就是把阮玲玉和唐季珊一同告上法庭，让他们两人曝光。

此时的唐季珊也怒火中烧，他追求阮玲玉本就不是因为感情，而是想找个有名的情人来装点自己的形象，现在居然牵扯到“不名誉”的偷盗案件中，唐季珊不但对张达民怀恨在心，对阮玲玉也开始不满。他也到法院告状，说张达民对他进行名誉诬陷！唐张两人对簿公堂，唯一查明真相的办法就是让阮玲玉出庭作证，可这样一来，就等于逼着阮玲玉承认自己曾经跟张达民私奔，同时又必须承认抛弃丈夫跟有妇之夫唐季珊同居的事实，这是阮玲玉无法承受的事情。可唐季珊不管这些，他以经济相威胁（阮玲玉一家当时基本都靠唐养活），阮玲玉只好在报纸上发了一个公告，声明自己虽然和唐季珊同居，经济是自立的，之前和张达民结婚时并未从张家拿走任何财物。阮玲玉这个公告一发，全国舆论大哗，所有报纸都在登载阮玲玉背夫潜逃，跟有妇之夫同居的事情。

走上绝路

就在阮玲玉万分痛苦的时候，唐季珊又另结新欢，频频和一个交际花在公共场合出双入对，这种毫不掩饰的行为，让阮玲玉再次成为媒体的话题，大家都说阮玲玉爱上一个有夫之妇，却被别人要了。1934年2月12日，年仅23岁的女演员艾霞服毒自杀了。阮玲玉在得知艾霞自杀的消息后，也想到了一个字：死。这时张达民仍然不时上门要钱，唐季珊也不再回阮玲玉的别墅，偶尔见面两人就会发生激烈争吵。唐季珊甚至还对阮玲玉动过手，将阮玲玉赶出家门，邻居们看着阮玲玉在深夜站了几个小时，唐季珊在别墅里面大喊大叫，不许佣人开门！阮玲玉的痛苦也越来越严重，几乎到了无法忍受的地步。

1935年3月6日，上海地方法院以正式传票传召阮玲玉，要求她必须于1935年3月8日上午9时针对张达民的诉

阮玲玉在她的电影代表作《神女》中的剧照

《神女》是阮玲玉的代表作，在影片中，她用精湛的演技，将一个卑贱的妓女和一位圣洁的母亲融于一体。片中的“阮嫂”一角也被认为是阮玲玉塑造得最完美的银幕形象。

讼出庭作证，否则要受到拘提处分。阮玲玉认为一个处在风口浪尖上的女星，一旦上法庭还不知道会给侮辱成什么样子，又不知道会被舆论攻击到什么地步，她宁死也不愿意接受这样的羞辱！3月7日是与阮玲玉搭档演戏的男影星金焰的生日，酒席上阮玲玉一反常态地大笑大闹，还吻遍了在场所有的女星。大家见她失态，以为是喝醉了，赶忙将她送回家中，其实此时阮玲玉已经下决心要自杀了。1935年3月8日，阮玲玉又一次和唐季珊激烈争吵，并且有可能被唐季珊殴打以后，她在半夜两点服用安眠药自杀。阮玲玉服用安眠药以后很快被母亲发现，当时她神志尚且清醒，还没有昏迷。阮玲玉的母亲紧急通知唐季珊，而唐季珊为了自己所谓的名声，没有将阮玲玉就近送到上海的大医院，反而找了一个距离阮玲玉住所很远的小诊所诊治。等到阮玲玉几经辗转，来到医院，时间已经过去了4个多小时，最佳的治疗时间早已过去。某种程度上，张达民、唐季珊和无情的舆论联合谋杀了阮玲玉。

阮玲玉自杀引起了社会上很大的震动，有不少喜爱她的观众也跟随她自杀。单是1935年3月8日这天，上海就有5名少女自尽，其他地方自杀的追星族成员也有多位。她们留下的遗书内容大同小异，总结起来就是一句话：阮玲玉死了，我们活着还有什么意思？3月14日，上海电影界同仁为阮玲玉举行了一场盛大葬礼，这才出现了文章开头的一幕。可以说阮玲玉生前名闻天下，死后也是极一时之盛。

第三章

江湖与特工

王亚樵

杀手之王

1935年11月1日，在国民党的四届六中全会上，国民党二号人物汪精卫遇刺，他身中三枪，奄奄一息。而根据刺客孙凤鸣的交代，他本来是来刺杀蒋介石的，第二位目标才是汪精卫，只是因为蒋介石迟迟没有出来，他等不及了，才向汪精卫下手。蒋介石当时极为恼怒，喝令戴笠立即严查幕后真凶。戴笠很快回来报告说，已经知道孙凤鸣是谁的人了。蒋介石听到这个人的名字以后，当场勃然大怒，大骂道："又是他，他还真有种。在庐山别墅行刺我，在南京火车站行刺子文（宋子文），在上海大街上行刺学良（张学良）。现在可好了，干脆杀到六中全会的会场来行刺精卫，我们国民党高层都给他行刺遍了。我现在命令你，限你一个月内捉到他，活要见人死要见尸。如果捉不到活的，立即就地打死。"蒋介石如此大骂的那个人，就是民国历史上著名的"杀手之王"王亚樵。

秀才要革命

王亚樵，字九光，又名王鼎，别名王擎宇，1887年出生于安徽合肥磨店乡（磨店乡也是晚清重臣李鸿章的出生地）。王亚樵的父亲王荫堂是当地的赤脚医生。王亚樵本人的个性和父亲完全相反，是一副蛮横强硬、好勇斗狠的秉性。六七岁的时候，王亚樵经常和同村的孩子打架，甚至几乎每天都有邻居找到王荫堂告状。王荫堂为此打了王亚樵几十次，却根本没用。见儿子如此顽劣，王荫堂又气又恨，说："没想到我们王家世世代代忠厚老实，居然生下这么一个孽障来！"

打归打，骂归骂，王荫堂仍然竭尽所能地供儿子上学读书。王亚樵虽然顽皮，但是非常聪明，学习成绩一直名列前茅。1906年，19岁的王亚樵参加了清王朝最后一次科举考试，考中了秀才。王荫堂非常高兴，这是他们家族十几代中第一次有人考取功名。不过，王亚樵的求学之路也就到此为止了，他在后来的举人考试中名落孙山。王亚樵失意地回到家里，发现家里也乱成一团。当时正是清政府垮台前夕，各种苛捐杂税让无数的农民破产，王家的生活也很快变为赤贫。就在这时，又传来了清政府取消科举考试的消息，王亚樵陷入了人生的低潮期。经过一番思量，他觉得是无能的朝廷让他的家庭日益落魄，开始仇视腐败的清政府，并准备做些事情改变身边的一切。

惊险保命

安徽是李鸿章和不少淮军将领的家乡，在王亚樵所居住的磨店乡周围就有不少原来淮军的官兵，所以民风比较尚武。王亚樵从小酷爱武术，还拜了当地一位著名的武师为师，学习了一手好拳脚，枪法也练得不错（当时民间枪支很多）。靠着这两样本事，王亚樵开始闯荡江湖，他和同乡李元甫、王传柱、张朝阳、李小一等人关系较好，就结成了生死兄弟，还参加了著名的同盟会，后来还成为一名国民党党员。可以说，在这个阶段，王亚樵是一个热心革命的好青年，也是值得钦佩的。1911年，辛亥革命爆发，等待已久的王亚樵感到机会到了，他决定投身于革命运动之中。很快，王亚樵和孙中山任命的安徽都督柏烈武取得了联系，带着他的同乡前去投奔革命军。柏烈武当时挂着一个安徽都督的头衔，手下却无兵无将，完全是光杆司令。眼见王亚樵带人来投奔自己，自然非常高兴。他随即任命王亚樵为合肥革命军司令，要求他们在合肥组织军政府，宣布独立，撤销清政府的旧官吏。这样一来，王亚樵从一个乡间小子瞬间变为“司令”，这也是辛亥革命时期“督军满地走，部长多如狗”的时代所造就的，王亚樵雄心勃勃，想干一番大事，他决定亲自回老家招兵买马，壮大自己的队伍。没想到，这份雄心反而救了王亚樵一命。当时清政府在安徽的力量相对较强，毕竟合肥是李鸿章淮军的老家，又是北洋军大将段祺瑞的老家。当时的安徽巡抚先下手为强，出动官兵扫荡了所谓的“合肥革命军”，王亚樵的战友李元甫、王传柱、李小一等被清军一网打尽，全部被杀害，只有回乡招兵的王亚樵侥幸生还。之后，清政府开始通缉王亚樵，这也是王亚樵七次被通缉经历中的第一个通缉令。经过这件事后，王亚樵再也不敢留在安徽，他逃往了革命党控制的南京，开始了浪迹江湖的生涯。在南京期间，王亚樵的政治主张开始变化，他加入了中国社会党。由于能力突出，他很快被任命为社会党安徽支部部长。不久，王亚樵和同志丁鹤龄前往安徽的巢县、全椒、滁县、安庆等地发展党组织。可这时的安徽已经被军阀倪嗣冲占据，他大肆屠杀革命党人，丁鹤龄被捕遇害，王亚樵也差点儿被捕，他在1913年秋率领一班人逃亡到上海，此时他身上又背负了一张通缉令，这是他的第二张通缉令。

屡次失败

在上海期间，王亚樵跟几个朋友过得较为窘迫，他们身无分文，只好靠做苦力为生。白天干苦工，晚上只能睡在大街上，身上盖一些报纸和茅草。此时王亚樵虽然日子过得艰苦，但始终在关注局势的变化。1913年7月，国民党发动了"二次革命"，结果在占据优势的北洋军的镇压下惨遭失败。这时王亚樵写信给孙中山，提出用暗杀的手段对付北洋政府。在信中，王亚樵详细地阐述了自己的想法，他写道：中国古代历史告诉我们一个道理，无论任何位高权重的人都无法阻挡真正的亡命刺客，一支精干的刺杀团队足以能让暴君们胆寒。不过，孙中山一生都反对采用暗杀的手段，甚至连汪精卫刺杀摄政王他也是反对的。孙中山认为革命是光明神圣的事情，不能采用暗杀个人的恐怖手段，因而断然拒绝了王亚樵的建议。此时王亚樵离开了上海，跟随革命党人韩恢到江苏北部一带组织起义。江苏督军李纯得到风声以后，派兵捉拿两人，韩恢被捕后遇难，王亚樵再次侥幸逃脱，隐居在故乡合肥磨店集，以躲避军阀对他的通缉，这也是他第三次上通缉令。

王亚樵回到老家以后，又抵制安徽督军张文生，最终张文生被皖系军阀下令撤换。为此张文生对王亚樵恨之入骨，他派出几个杀手去合肥刺杀王亚樵。好在王亚樵在多年逃亡生涯中养成了极高的警觉性，杀手们刚到他家门口就被他发现，他立刻打倒一人，然后迅速逃走。此时王亚樵在合肥已经待不下去了，只好再次前往上海。经历过多次失败，牺牲了众多好友，王亚樵变得偏激和实际，认为不管是革命，还是起义，只要手中没枪没人，就是闹剧。所以王亚樵此次来到上海，不再像之前只是一心为了革命事业，他决定要为自己打算。当时的上海一部分是各国的租界，另一部分则是华界。租界享受治外法权，中国政府无权干涉。而这些国家对上海租界的管理也是出于一个目的，就是捞钱，所以上海治安相当混乱，存在一个由各种帮派势力建立的地下秩序。这些帮派和租界的工部局互相勾结，狼狈为奸，操纵着全上海的黄、赌、毒生意。

建立斧头帮

王亚樵他们到了上海以后，一开始仍然靠出苦力为生。但就算是扛大包的码头工人，也遭受黑帮分子的剥削，桀骜不驯的王亚樵开始考虑自建帮派，立足上海滩。当时上海的劳工中，安徽籍、江苏籍和浙江籍的工人是最多的，号称鼎足而立。原来安徽工人之间也有松散的联系，有的也成为青帮的小头目，却并没有成立一个完全由安徽人组成的地域性帮派。王亚樵来了以后，立即联络这些同乡工人。他凭借高强的身手、出色的组织能力和过人的胆识很快聚集了一帮骨干，建立起了一个初具规模的帮派。

王亚樵的帮派成立后不久，就遇到了棘手的问题，一些安徽工人和上海的一个大资本家发生了劳资纠纷，这个大资本家有巡捕房和青帮撑腰，拖欠了工人大量工资。这些安徽籍工人找到王亚樵帮忙，王亚樵正准备大干一场，决定就拿这个资本家开刀。这个大资本家根本没有把王亚樵放在眼里，找来几个巡捕准备把王亚樵吓走了事。可双方一见面资本家就吓傻了，王亚樵带着一百多人，拿着短斧气势汹汹地冲了过来。几个巡捕虽然有枪，却也不敢向上百人开枪，他们见势不好，立即翻墙逃走，作鸟兽散。资本家见带枪的巡捕都跑了，吓得屁滚尿流，躲进屋子里不肯出来，王亚樵等人就将资本家宅院里所有能砸的东西全部砸碎。

这时，资本家已经打电话向上海的青帮求援，青帮一个小头目带上十几个打手冲过来解围。青帮当时是上海第一大黑帮，已经在当地盘踞了一百多年，正式成员和外围成员有几万人之多。可杀红了眼的王亚樵根本不管这些，在他看来，自己这条“强龙”就是要压过“地头蛇”。这样一场大战下来，青帮打手死伤惨重，安徽帮则一战成名。由于王亚樵和他的手下都拿着短斧打斗，所以他的帮派又被称为“斧头帮”。出名以后，斧头帮迅速扩大力量，帮会成员高达上千人，成为上海滩一股新兴的力量。他们打斗时的武器也不仅仅是斧头了，还装备了枪支和炸弹。上海的青帮自然不愿意有人“虎口夺食”，就和斧头帮展开了激烈的仇杀。可几次交锋下来，斧头帮靠着帮众悍不畏死、敢于搏命取得了胜利，砍死了青帮不少中小头目。有“上海三大亨”之称的黄金荣、杜月笙、张啸林就有些胆怯了，他们是既得利益集团中的一分子，早就不过刀头舔血的日子了，既然消灭不了王亚樵，也就默认了斧头帮在上海的地位，连三大亨中号称最能打的张啸林也对手下说：“不要惹斧头帮，他们都是亡命徒！”就这样，王亚樵通过两年的江湖打拼，在上海站稳了脚跟。

初次出手

好不容易在上海打出了名头，王亚樵的帮派又遇到了新问题——经济上没有固定收入。上海滩传统的贩毒、赌博、妓院等生意全部被青帮垄断，斧头帮仅靠一点儿“保护费”生活，自然非常艰难。于是，他们开创了两种新的“生意”，一个是绑架，一个是暗杀。通过这两种“生意”，斧头帮财源滚滚，帮众们再也不是过去衣衫褴褛的样子。就在王亚樵在上海打打杀杀的时候，上海的外部局面又发生了变化。皖系军阀的代表、浙江都督卢永祥和直系军阀的代表、江苏都督齐燮元关系紧张，双方都想吃掉对方，扩大自己的地盘，可双方实力基本相当，短时间很难分出胜负。一番琢磨，卢永祥想到了暗杀这个办法，他找到王亚樵，希望斧头帮能够帮忙除掉齐燮元的亲信部下、江苏省警务处处长徐国梁。王亚樵考虑再三，最终同意了，条件是一大笔报酬和对斧头帮的扶持。卢永祥既然控制着富裕的浙江，自然是不差钱的，当场就同意了！于是，王亚樵开始自己人生的第一次暗杀大人物的计划！经过一番缜密的跟踪和策划，王亚樵发现徐国梁在公开场合露面时身边带有大批持枪警卫，直接下手肯定不行，必须寻找一个不设防的地方下手。最终，王亚樵派出的杀手在浴室中找到了机会，乱枪将徐国梁击毙。

堂堂警务处处长在自己地盘上被打死，齐燮元勃然大怒，立即下令调查谁下的黑手。很快，他得知下手的是斧头帮，幕后指挥者是老对手卢永祥。齐燮元立即出动军警全力围剿斧头帮，王亚樵只得逃到浙江避风。在这段时间，王亚樵接受卢永祥的任命，前往湖州出任浙江纵队司令。可王亚樵的司令没当几天，卢永祥和齐燮元就爆发激战，前者全线溃败，卢永祥本人也不得不流亡香港等地，再也无力庇护王亚樵。不久，齐燮元宣布通缉王亚樵，这是王亚樵得到的第四张通缉令。不过成功刺杀徐国梁还是让王亚樵名声大噪，谁都知道他是上海滩的“杀手之王”。

连番出手

1926年，北伐战争爆发，王亚樵作为国民党党员，自然全力支持北伐。这时蒋介石还是北伐军总司令，他任命常恒芳为安徽宣慰使，王亚樵为副宣慰使，在安徽境内迎接北伐军的到来。王亚樵不愿意原地等待，他带领一批志同道合之人在洪泽湖起兵，响应北伐军。安徽督军陈调元听到这个消息后，急忙派兵进攻王亚樵，王亚樵坚持了几个月后，全军覆灭，王亚樵仅率数人成功突围，陈调元随即下令通缉王亚樵。这是王亚樵人生中第五次被通缉。此次以后，王亚樵再也没有公开参加革命。1927年，蒋介石发动了“四一二政变”，大肆屠杀共产党员和上海的产业工人。王亚樵的斧头帮中不少人都是工人出身，或者工人家属，因此也遭到打击。此时杜月笙，黄金荣等青帮大佬也倒向蒋介石，大肆屠杀共产党员，屠杀工人，同时乘机打压斧头帮。王亚樵再好勇斗狠，也敌不过枪杆子，他的斧头帮一蹶不振，再也不成气候了。王亚樵大怒之下，转为彻底反蒋，蒋介石也下令通缉他，这是他人生中第六次被通缉。此次以后，王亚樵并没有销声匿迹，反而进行了一连串的暗杀行动，杀得蒋介石和他的手下鸡飞狗跳。

1928年秋，王亚樵派数名杀手赶赴南京梅溪山庄刺杀老对头陈调元。北伐期间陈调元投靠了蒋介石，摇身一变竟然成了安徽省主席。刺杀队伍先是乱枪解决了看门的警卫，直接冲入陈调元的别墅。可惜的是陈调元临时有

1927年，蒋介石与宋子文在上海合影。

事离开，他的部下、安徽建设厅厅长张秋白成了替死鬼。这次虽然没有杀成陈调元，但也把他吓得够呛，事后他请求辞去安徽省主席，再也不敢去安徽上任。1931年7月23日，王亚樵再次派出杀手在上海北火车站伏击了南京国民政府的财政部部长、蒋介石的大舅子宋子文。但由于宋子文的秘书唐腴胪穿着和宋子文完全相同的白色西装，相貌高矮又很相似，最终做了替死鬼。蒋介石知道大舅子被刺，又惊又怒，他下令戴笠立即找出凶手。戴笠很快报告是王亚樵所为，蒋介石下令立即抓捕王亚樵。可让蒋介石没想到是，他在全力抓捕王亚樵的时候，王亚樵居然杀到了他的头上来了。没过多久，王亚樵派出华克之等三人，在两个女人掩护下，巧妙地携带武器来到庐山伏击蒋介石，蒋介石凭借好运气才保住性命。

殒命广西

在刺陈、刺宋、刺蒋之后，王亚樵还进行了一次让国人拍手称快的刺杀，目标就是日本侵略者。1932年4月29日，王亚樵和上海的朝鲜流亡政府合作，准备暗杀日军高层将领。王亚樵让其弟王述樵密约朝鲜革命党人在静安寺路沧州饭店密议，朝鲜志士尹奉吉、金天山、安昌杰等人参加。王亚樵负责提供全部情报和武器，并且设定了暗杀手段，就是用炸弹突袭。29日当天，尹奉吉、金天山、安昌杰身穿日式服装，前往上海虹口公园日本天皇诞辰庆典会场后台，其中尹奉吉携带了一个热水瓶，热水瓶中装有威力巨大的炸弹。晚上9点整，随着一声巨响，虹口公园的日本侵略者死伤惨重，日本派遣军司令、陆军大将白川义则身中多枚弹片，医治无效毙命，日本第三舰队司令野村吉三郎被炸瞎一眼。得知王亚樵行刺日本军官以后，蒋介石命令戴笠去招安王亚樵，并且暂停对王的追捕。同时蒋介石还送上四万大洋，让王亚樵的好友胡抱一送至上海。可王亚樵却并不买账，他对来人说："我杀蒋介石固然是有人出钱让我做的，但就算没有给我钱，我也很乐于干这件事。"

1933年，王亚樵进行了他人生最辉煌的一次刺杀，可惜也是最后一次。这一年，蔡廷锴、李济深等人发动"福建事变"，另立政府，与蒋介石对抗。可惜，"福建事变"在蒋介石的迅速打击下，很快失败。据说广东地方势力再次出大价钱请王亚樵去刺杀蒋介石，他们给了王亚樵一张空白支票，签好了名字，金额一项是空白的，让王亚樵成功以后自己填写。1935年11月1日，国民党中央四届六中全会召开期间，王亚樵的副手华克之，带着孙凤鸣等枪手以记者身份混入会场行刺。可惜，由于现场气氛混乱，蒋介石最终并没有出来，孙凤鸣于是改向汪精卫行刺，对其连击三枪。汪精卫身负重伤，其中一枚射入脊柱的子弹导致他十几年后丧命。孙凤鸣也被汪精卫的卫兵开枪击倒，第二天离世。

蒋介石在汪精卫被刺后，急于摆脱自己身上的疑点（当时汪精卫的老婆陈璧君大哭大闹，说刺汪是蒋介石主使的），下令第七次通缉王亚樵，悬赏10万大洋。戴笠在蒋介石的严令下，只得尽一切力量追捕王亚樵，连续抓捕了他的左右手宣济民、余立奎等人，有四五次差一点儿就抓住王亚樵，结果不是被王亚樵化装成女人逃走，就是差了几分钟没有追上。不过王亚樵也知道上海形势严峻，就逃往了广西梧州躲避追捕。戴笠一时找不到王亚樵的踪迹，他只好全力刑讯被捕的宣济民、余立奎。没想到斧头帮的人都很硬，宣济民、余立奎受了很多刑罚也不愿意同戴笠合作。戴笠没有办法，找到余立奎的老婆余婉君进行收买，余婉君经不住诱惑，出卖了王亚樵的行踪。1936年12月20日，余婉君赴梧州约王亚樵见面，王亚樵不知有诈，如约前来。王亚樵刚一进门就遭到国民党特务的围攻，身中五枪，当场毙命。由于久闻王亚樵的大名，特务怕他装死，又在尸体上补了两刀，并残忍地剥下了王亚樵的脸皮。就这样，大名鼎鼎的“杀手之王”也死在了刺客手中，结束了他传奇的一生。

杜月笙

黑道大佬

1945年抗战胜利后，蒋介石衣锦还乡，赶赴上海。在迎接晚宴上，蒋介石端坐在主桌，各界人士一一来给他敬酒。由于蒋介石的背部在西安事变时候受过伤，不方便反复起坐，所以他都是坐着和别人碰杯的，态度并不热情。很快，一个白面瘦弱的中年人，穿着长袍马褂走过来，恭恭敬敬地给蒋介石敬酒。没想到蒋介石却突然站起来，很有礼貌地跟他碰杯，并且亲切地说了几句客套话。这个人走后，蒋经国偷偷地问蒋介石："父亲，这个人是谁啊？你对他这么客气？"蒋介石淡淡一笑说："我虽然是国家的领袖，但在上海，我也要对这个人忌惮三分。如果我是上海的地上皇帝，这个人就是上海的地下皇帝。"这个让蒋介石忌惮的人物就是"上海三大亨"之一的杜月笙。

加入青帮

杜月笙，名镛，号月笙，原名月生，1888年8月22日生于江苏省川沙厅（今上海市浦东区）。杜月笙的出身贫贱，父母在他4岁时先后去世，他由继母和舅父抚养长大。俗语说隔层肚皮隔层山，继母虽然对他算不上虐待，态度也非常一般，杜月笙只读过5个月的书就辍学回家。所以杜月笙没有什么文化，识字很少。成名后，他对读书人也相对敬重，家中的门厅上就高悬着对联“友天下士，读古人书”。著名的文人杨度、章太炎等人都是他家中的常客，他自己还说：人可以不识字，但不能不识人。

14岁的时候，杜月笙被继母安排出去工作，在上海十六铺鸿元盛水果行当学徒。杜月笙没有文化，却聪明伶俐，练下了一手给水果削皮的手艺。他一手持刀一手持水果，只需要几秒钟之内就能将皮完整地削下来，而且皮上面绝对没有一点儿果肉。随后将果皮拼起来，就是一个完整的水果。虽然有很好的手艺，可惜学徒是水果行的最底层，只能赚个饭钱，野心极大的杜月笙自然不甘心一辈子卖水果为生。当时的上海流氓横行，基本是个拳头大就能称王的世界，杜月笙对那些在街上横行霸道的流氓混混非

杜月笙像

杜月笙是20世纪上半叶上海滩最富有传奇性的一个江湖人物，他从一个小学徒进入十里洋场，最终成为上海最大的黑帮头目；他文质彬彬，却又心狠手辣，杀人如麻；他为虎作伥，却又有着鲜明的爱国心，可以说他的一生是旧中国帮会历史的一种缩影。

常感兴趣，很快就同这些流氓们混在一起。他开始沉迷于赌博，不时出入赌场，这让水果行的老板非常不满，很快就炒了他的鱿鱼。

丢掉了糊口的饭碗反而让杜月笙破罐子破摔，他加入了上海的青帮，开始了黑道的生涯。青帮是在清朝雍正年间成立的一个帮派，当时雍正为了整顿财政，创立粮食物资的水上运输线，大量的青壮劳力在运粮船和码头上讨生活，人数越来越多，自然就形成了团体，青帮也就这样诞生了。到民国时期，青帮已经流传了近200年，在旧中国算是第一大帮派，他们主要的活动区域就是有“东方魔都”之称的上海。当时上海有大大小小帮派上百个，其中势力最大的就是青帮，光大小头目就有数百人之多，底层打手更是有上万人，而这时全上海的人口也不过100多万。杜月笙的师傅叫作陈世昌，是上海小东门一带的流氓头子，在青帮中属“通”字辈，杜月笙排在“悟”字辈。流氓的生活表面上风光，其实是把脑袋挂在腰带上过活的，他们为了争夺赌场和贩毒的生意，经常火拼，每天都有流氓被杀。杜月笙身材瘦弱，白净面皮，好勇斗狠不是他的强项，只能在赌场做做庄家骗钱。这样混了几年以后，不但没有混出名堂，还因为生活不规律得了一场重病，被迫回老家养病。病愈以后，杜月笙认为必须有所改变才能出头，他找到师傅陈世昌，说出了自己的想法。陈世昌知道自己能力有限，就推荐杜月笙去青帮头目黄金荣那里做事。

出头之日

黄金荣是当时上海青帮最有名，势力也最大的人物，他是上海法租界巡捕出身，后来一路做到了华人督察长的位置。由于他既是官又是匪，一般青帮头目根本无法跟他对抗，完全是黑白通吃了。杜月笙进入黄金荣的府邸后，做了一个底层喽啰。看着黄府富丽堂皇的摆设和流水般的进账，杜月笙就暗中发誓，不惜一切代价也要成为黄金荣第二。

当时杜月笙只是个小喽啰，如果按部就班一级级地爬上去，不知道何时才能出头。心思灵通的杜月笙就找到了一条捷径，就是拍黄金荣的老婆林桂生的马屁！当时林桂生突发一种怪病，按照现在来说是因为大烟抽得太多导致神经系统混乱，杜月笙鞍前马后地照顾林桂生，将其当作亲娘老子一样伺候，从而得到了林桂生的倚重。不久，黄府丢失了一箱价值10万银圆的鸦片，林桂生盘问了家中所有的仆人都无法找到，而杜月笙冷眼旁观，几番试探就抓到了真正的窃贼，由此被林桂生和黄金荣另眼相待，成了黄金荣最得力的助手。黄金荣将他最赚钱的生意，也就是鸦片生意交给杜月笙负责。杜月笙是个有野心的人，他在为黄金荣效力的同时，暗中培植了自己的力量，打通了自己的鸦片贸易路线。在一切准备就绪后，杜月笙向黄金荣表示，想自立门户。此时的杜月笙已经成了气候，黄金荣只得同意了。

毒品大亨

杜月笙的主要财路是鸦片贸易，当时上海的鸦片贸易非常猖獗，大小帮派都经营着自己的鸦片生意，彼此存在着竞争关系，鸦片市场也非常混乱。野心勃勃的杜月笙制定了一个庞大的计划，就是全面“整顿”鸦片市场，垄断大宗的鸦片贸易。为了达到这个目的，杜月笙联合黄金荣、张啸林这两位青帮头目，在租界内成立了所谓“三鑫公司”，然后以公司的名义和法租界、公共租界的工部局谈妥了“一揽子”的保护费价码。接着，三大亨一面凭借自己的武力优势打击其他黑帮，一面买通巡捕、密探扫荡其他黑帮的地盘，将他们彻底赶出了上海的鸦片市场。到20世纪20年代末、30年代初，三鑫公司基本垄断了上海的鸦片贸易，每年从这项黑色交易中的获利就能达到上千万银圆。

杜月笙特别善于协调黑社会各派势力之间的关系，善于处理与各派军阀之间的关系，更善于处理和法租界殖民政府的关系，善敛财，会散财。杜月笙每次过年都要花上百万银圆打点各种关系，无论是底层的黑帮打手，还是普通的街头巡捕，杜月笙每年都发放一定的红包。按照杜月笙自己的说法，做人最难吃的“三碗面”就是人面、场面和情面。当然，无论杜月笙如何标榜自己，他贩卖毒品都是害人的勾当，杜月笙的钱都是沾满鲜血的不义之财。杜月笙自己也知道这一点，他开始包装自己，转变形象。每逢上海及附近地区发生灾害，他会出面组织赈济；有时上海工人和资本家发生劳资纠纷，他也出面调解。为了附庸文雅，杜月笙还特地找老师教他书法，广招门客，大学者章太炎、名士杨度、名律师秦联奎都是他的座上客。杜月笙还花钱买了几个官方职务，比如上海法租界商会总联合会主席等。杜月笙最“光彩”的时刻，是他在1929年出任法租界工部局华人董事，这是华人在法租界中最高的职务。

屠杀工人，抗战赎罪

就像所有黑帮头目一样，杜月笙有了钱，有了人，开始试图获得更大的权力。北伐开始以后，杜月笙害怕国民

1934年，上海各国政商人物合影，从左至右分别为杜月笙、苏联驻华大使鲍格莫洛夫、外交家蒋廷黻、上海市市长吴铁城、上海市保安处处长杨虎。

政府收回租界，消灭青帮生存的土壤。1927年4月，蒋介石准备在上海发动反革命政变，就找到杜月笙、黄金荣、张啸林三人，要他们帮忙镇压上海的工人，杜月笙等人立即同意。

4月11日晚，杜月笙诱捕了上海共产党工人组织领袖汪寿华，将他残忍地活埋。次日，杜月笙等人出动大批黑帮分子伪装成工人，在全市攻击工人组织。此时蒋介石以工人内讧为借口，将上海工人纠察队全部缴械，开始屠杀共产党人。在这场后世称为“四一二大屠杀”的惨案中，杜月笙立下大功，在后来的“论功行赏”中被蒋介石任命为军事委员会少将参议等职务。有了国民党政府的支持，杜月笙在1933年脱离了青帮，成立了自己的帮会组织——恒社，在抗战前期已经是上海势力最强大的黑帮头目。如果说之前杜月笙的所作所为都是黑帮的丑恶行为，那在抗战中杜月笙却用实际行动为国家做了一些贡献。1937年，全面抗战爆发，杜月笙表现出了极大的爱国热情。在淞沪会战期间，杜月笙让自己的帮派成员全力协助中国军队作战，包括提供情报、带路、暗杀日军军官和后勤人员等。在淞沪会战快要结束的时候，杜月笙还与戴笠合作，在上海建立了情报网络。除了出人以外，杜月笙还拿出大笔钱款支援抗战。他参加了上海各界抗敌后援会，筹集了数量惊人的毛巾、香烟、罐头食品，送到前线战士的手中。淞沪会战后期，杜月笙得知驻守在四行仓库的谢晋元团缺乏食品，就向谢团送去了整整5卡车物资。此外，他还应八路军驻沪代表潘汉年的要求，从荷兰进口了一千副防毒面具，送给八路军使用。

日军攻陷上海以后，日本人大肆拉拢杜月笙、黄金荣和张啸林三人，希望他们为日本人做事，帮助日本人在上海进行殖民统治。黄金荣不愿意同日本人合作，但也放不下自己的地盘，就装疯卖傻，虚与委蛇，只帮日本人干了一点儿小事；张啸林则毫无廉耻，成为日本人的马前卒，最后遇刺身亡。杜月笙则干脆地拒绝了日本人的要求，由上海前往香港躲避。虽然他不在上海，青帮的势力在上海仍然很强，虽然有很多青帮人员成了日本人的走狗，但也有一些人在抗战中做出了中国人该做的选择。在杜月笙和一些青帮成员的帮助下，军统人员在上海成功处决了伪浙江省省长张啸林、伪上海市市长傅筱庵，还成功策反了汉奸头目王克敏，离间了汪伪阵营。为了奖励杜月笙，蒋介石在1940年任命杜月笙为人民行动委员会负责人，统一指挥各地帮会组织。在香港期间，杜月笙通过组织捐款，将大量钱款和抗战急需物资送到前线。1941年底太平洋战争爆发，日本很快占领香港，杜月笙携家人前往陪都重庆居住，成立了中华实业信托公司，自任董事长，直到抗战胜利。

终究还是夜壶

抗战胜利以后，上海的外国租界都被国民党政府收回，上海已经不存在外国势力。杜月笙无法利用租界谋取利益，他在上海的影响力就大不如前了。据说杜月笙曾经有一个著名的尿壶理论：搞政治的人把黑帮当作尿壶，每当晚上要小便的时候，就很需要一个尿壶，但一旦小便完了，这个尿壶就不需要了，小便的人会嫌它又臭又脏，恨不得立即砸掉。黑帮始终就是这个尿壶，一旦没有利用价值，独裁者都会嫌弃它肮脏丑陋，都希望消灭它。杜月笙虽然于1945年9月初返回上海，召集旧部，重整旗鼓，无奈大势已去。1946年12月，上海参议会选举议长，杜月笙经过多方活动，虽然以最高票当选议长，但因国民党政府已经不希望看到杜月笙东山再起。蒋介石明确表示不支持杜月笙当参议长，杜月笙只得辞去了职务。事后，杜月笙对蒋介石极其不满，他曾愤愤地说道："沦陷时上海无正义，胜利后上海无公道。"失去了政客的支持，任何黑帮在国家机器面前都只是纸老虎。1948年8月，蒋经国来到上海打击投机商人。第一把火就烧到了杜月笙的头上，他的儿子杜维屏因为囤积居奇而被蒋经国逮捕，坐了6个月的牢。杜月笙虽然不敢直接对抗，却也狡猾地建议蒋经国不能"只打苍蝇，不打老虎"，接着就揭露了蒋经国的表弟、孔祥熙的儿子孔令侃所经营的扬子公司囤积居奇、倒买倒卖的事实，逼迫蒋经国不得不采取"大义灭亲"的举动，这在电影《建国大业》中都有所展现。后来，蒋经国在蒋介石的干预下被迫放弃整顿上海经济，杜月笙也与其结下了梁子，以至于新中国成立前夕只能远走香港，而不敢退往台湾。

1949年，国民党军队已经兵败如山倒，杜月笙开始为自己安排后路。当年3月，蒋介石在南京会见了杜月笙，希望他撤往台湾。杜月笙表面上点头同意，实际上他并不准备与国民党共进退。这时，中国共产党也委托黄炎培等民主人士劝杜月笙留在上海，可以对其历史上的行为既往不咎。然而杜月笙回想起“四一二大屠杀”时的场景，觉得自己造孽太深，未必会得到原谅，也就不愿留在上海。1949年4月，杜月笙举家离开上海，前往香港定居。1950年，61岁的杜月笙与42岁的京剧名角孟小冬在香港结婚。寓居香港期间，杜月笙的哮喘病不断恶化，于1951年8月16日病逝于香港，享年63岁。杜月笙去世前对子女说的最后一句话是：“我没希望了，你们还有希望，中国还有希望。”他在死前一再叮嘱妻子，一定要把他的尸骨带回上海，葬在浦东高桥老家。然而由于种种原因，他的尸骨没有回到故乡。1952年10月，杜月笙的骸骨下葬在了台湾台北县汐止镇的大尖山下。

张啸林

在旧上海三大亨中一向有“黄金荣贪财，张啸林善打，杜月笙会做人”的说法，然而在抗战期间，“贪财”的黄金荣能够守住底线，“会做人”的杜月笙不乏爱国举动，只有“善打”的张啸林卖身投敌，当了汉奸，于1940年被贴身保镖林怀部刺杀于上海华格臬路（今宁海西路）张公馆。

李士群

魔窟中的魔鬼

1943年9月11日，在上海的一栋戒备森严的小楼中，汪伪政权的一个特工头目正在床上痛苦地翻滚。旁边，他的妻子怒气冲冲地对着医生大喊道："你们怎么这么没用，都两天了，症状一点儿都没有缓解。"几个医生默然不语。这时床上的男子痛苦地说道："死，我倒是不怕，我只是不服气啊！没想到我给日本人做了这么多年的鹰犬，现在居然死在他们手中，我真是死不瞑目啊！"几个小时后，男子死在了家中的床上，他全身体液已经排空，尸体仅有猴子大小，死状极为恐怖。在这个男子死后，汪伪政权发表声明说：特工总部主任、警政部部长、江苏省主席李士群先生，今日因病不幸逝世。不错，这个男人就是臭名昭著的汪伪政权特工组织76号的大头目，有"魔鬼"之称的李士群。

早年岁月

李士群，1905年出生于浙江遂昌。李士群幼年丧父，全靠母亲种田将他抚养长大。家中十几年的赤贫生活，对李士群的一生影响极大，他产生了一定要出人头地的想法。

十几岁的时候，李士群实在不忍心看着母亲下田插秧、耕地，决定自己去讨生活，他就跟邻居借了20块大洋，瞒着母亲去了上海。李士群在上海流浪了几个月，只找到几份零工，赚了几天饭钱而已，20块钱也花得精光。最终，李士群又病又饿，一头扎倒在一个大户人家的门前。这家看门人看见一个半大孩子倒在门口，立即大喊大叫起来。这家姓叶的男女主人立即赶出来，都觉得这个小伙子很可怜，就把他扶到家里来，给了他一碗饭吃，又让他在家里做了个仆人。这家男主人叫作叶泽梦，曾担任山东学政，是一个有文化的大人物。此后的相处中，叶泽梦发现李士群非常聪明，知情识趣，就让他做了自己的秘书。没想到几年相处下来，李士群和叶家的小姐叶吉卿产生了感情，两人几乎到了谈婚论嫁的地步。为了取得叶家人的许可，李士群决定进入高等学府读书，他先是进入上海美术专科学校学习，随后又考入了上海大学。李士群虽然人品很差，却是个极为聪明的家伙。他在大学中成绩优异，而且和当时很多年轻人一样，对政治很感兴趣，在上海美术专科学校学习期间受同学影响，加入了中国共产党。

1926年，21岁的李士群转学到上海大学社会系，同年秋天与叶吉卿结婚，当时他的主要兴趣已经不在学业，而在政治上了。他的新婚妻子叶吉卿在他的影响下也加入共产党。当时中国共产党正在培养自己的骨干力量，选拔了一批精英去苏联受训，能力极为突出的李士群就是其中之一。1927年4月，李士群到达莫斯科，随后进入中山大学学习。1929年，李士群奉命回到中国，加入了著名的上海特科。当时整个中国都是一片白色恐怖，蒋介石、汪精卫等人已经背叛了孙中山先生“联俄、联共、扶助农工”的三大政策，大肆屠杀共产党人。李士群以蜀闻通讯社记者的身份在上海进行地下工作，但不久就被公共租界巡捕房逮捕，租界工部局准备将他引渡给国民党政府。这下可急坏了李士群的老婆叶吉卿，她找到了当时上海著名的青帮头目季云卿帮忙。这个季云卿是一个比“上海三大亨”辈分还老的黑帮头子，在他的疏通下，叶家用一大笔钱将李士群保释了出来。这次被捕对李士群影响很大，他随后便向季云卿投了门生帖子，从此就和青帮拉上了关系。

一叛再叛

1930年国民党的特务组织军统和中统在上海疯狂活动，他们勾结租界巡捕房，大肆搜捕共产党的人员，破坏地下组织，给上海的党组织造成了不小的损失。1931年，特科负责人之一的顾顺章在武汉被捕，随后叛变投敌，供出了大量情报。这样一来，不少地下党员惨遭毒手，李士群也被中统特务逮捕了。李士群骨子里不是一个立场坚定的革命者，没等特务们上刑就主动叛变了。随后，李士群的老婆叶吉卿也宣布脱党。然而国民党特务并不信任软骨头的李士群，仅仅让他负责主持一份反动报纸的编辑工作。1933年，中统在上海地区的头目马绍武遭到暗杀，经过反复调查，中统特务认为李士群和另一个叛徒丁默邨有泄密嫌疑，就将两人内部监禁了一年之久。这时又是叶吉卿带着大笔金钱疏通了中统特务头子徐恩曾，李、丁二人这才被释放。此后，李士群被投闲置散了数年，直到抗日战争全面爆发。淞沪会战爆发后，国民党特务机构下令所有犯罪的特务都可以戴罪立功，李、丁两人表示愿意返回上海潜伏，他们的要求很快得到了批准。

日军全面占领上海后，日本人的特务组织包括宪兵队、特高课、梅机关等也进入上海进行谍报活动。可人生地不熟的日本人在上海一时难以立足，他们无法公开进入法租界和公共租界活动，很难在上海建立有效的情报网络。1938年年底，汪精卫叛逃到沦陷区，投靠了日本人。在蒋介石的严令下，戴笠派出大批军统特工对汪进行刺杀。连续遇刺让汪精卫心惊肉跳，平时连大门也不敢出，就向日本主子求援。恰好日本人也在考虑收买一批熟悉上海情况的汉奸为己所用，双方一拍即合，开始公开地招降纳叛。野心勃勃、寡廉鲜耻的李士群认为这是个机会，他很快和日本在香港的总领事中村丰一取得联系（原本李士群要先潜伏香港，再从香港回到上海），然后从香港前往南京投靠了汪精卫。由于害怕自己职务太低，不受汪精卫重视，他又说服了丁默邨一同投敌。后者当时是少将军衔，熟知军统和中统的内部情况。汪精卫和日本人接纳了李、丁二人，让他们自行组建汪伪政权的特务组织。为了支持这两个家伙，日本人每月拨给其三十万日元作为活动经费，还一次性拨给500支手枪、5万发子弹以及汽车、摩托、通信器材等军事装备。为了向主子证明自己的实力，李士群找到他的青帮师父季云卿帮忙，这个老流氓是非不分，不但将手下一批打手送给李士群做爪牙，还将自己一栋房子送给李士群做总部。这所房子也就是后来大名鼎鼎的极斯菲尔路76号（现在的万航渡路435号）。由此，汪伪特工总部76号正式成立，其全名是汪伪“国民党中央执行委员会特务委员会特工总部”。

崭露头角

76号刚出现的时候，军统和中统并没有将其放在眼里，丝毫没有放松在上海的锄奸工作。在76号成立后的两个月里，军统特工连续暗杀了大汉奸12人，普通汉奸30多人，其中就包括汪伪政府预备的外交部部长陈箓和李士群的青帮师傅季云卿。李士群立即展开报复，他利用青帮眼线迅速找到了刺杀季云卿的特工詹森的藏身之地，然后设计将詹森抓捕。詹森坚贞不屈，最后被李士群下令枪决。之后，76号和军统、中统展开了一场血腥的特工战。1939年11月23日，76号的特务暗杀了躲藏在英租界的爱国法官郁华；12月12日，76号的特务暗杀了上海女权运动领袖茅丽瑛。此外，李士群还派人抢劫了设在租界内的中国银行等国民党金融机构，大肆屠杀反日爱国人士。当年年底，李士群还抓捕了军统上海站的站长，也是军统所谓“四大金刚”之一的王天木。最终，王天木卖身投敌，成了76号的走狗。军统上海站因为王天木的叛变，半年之内都没有恢复元气，这让戴笠极为愤怒，他下令给上海特二区区长、军统老牌杀手陈恭澍，让其不惜一切代价制裁李士群。可李士群是特务出身，专门搞暗杀铲除异己，想要刺杀他谈何容易。面对李士群严密的防御，陈恭澍无从下手，几次暗杀都失败了。眼见76号的气焰越发嚣张，军统在上海生存越发困难，戴笠不得不考虑撤出上海。然而就在军统在特工战中处于下风的时候，转机却突然出现了。

借刀杀人

1941年12月，日本联合舰队偷袭了美国的珍珠港，随后向美国宣战，汪伪政权也加入了轴心国参战。消息传到李士群、丁默邨处，两人大为震惊。他们都跟美国人打过交道，知道日本的国力远远不如美国，而一旦日本战败，他们这些走狗的下场也就岌岌可危了，于是李、丁两人开始睁一只眼闭一只眼，不再全力以赴地进行特工战。戴笠察觉到了这种变化，决定进行分化收买，从内部瓦解76号。经过一番分析，戴笠在李士群和丁默邨中间首先选择了丁默邨。为什么选择丁默邨呢？因为戴笠知道丁默邨更为狡诈，政治上投机性更强。很快，戴笠和丁默邨建立了联系渠道，戴笠提出的第一项合作条件就是让丁默邨除掉李士群。

戴笠为什么这么做呢？原因很简单，李士群的威胁更大，而且他和丁默邨之间矛盾很大，表面上丁默邨是76号的主任，李士群是副主任，其实李士群一直大权独握，大肆排挤丁默邨的心腹。此外，李士群还利用郑苹如事件，破坏日本人和汪伪政权对丁默邨的信任，将后者完全架空。因此，丁默邨对李士群非常痛恨，只是畏惧李士群心狠手辣，不敢对他出手。现在戴笠要李士群的脑袋作为“投名状”，丁默邨自然是万般愿意。

其实除了丁默邨，日本人对李士群也越发不满，产生了要除掉这条走狗的想法。日本人对李士群的不满是多方面的，其中最主要的就是李士群利用手中的权力和日本人争夺利益。李士群除了是76号的负责人之外，还兼任汪伪政府清乡委员会秘书长、伪江苏省省长。当时汪伪政权真正控制的地盘只有江苏和浙江的一部分地区，其中江苏省比较富裕，汪伪政权的财政收入和粮食物资基本都来自该省。李士群为了搜刮钱财，出动伪军和日本军队争夺江苏的物资和“清乡活动”的战利品，这让贪婪的日本人无法忍受。此外，李士群手下的大小特务们也不安分，这些人都是青帮流氓、地痞无赖出身，特别是李士群的左右手、76号的行动大队大队长吴世宝更是出名的恶棍。此人以76号的名义开赌场、妓院、贩卖鸦片，无恶不作。1940年初，吴世宝派人绑架了上海大老板方液仙，在勒索到赎金后还将其撕票，在上海造成了非常恶劣的影响。这还不算，当时日本军队将一批抢来的黄金运到了日本正金银行上海分行。可就在运输路上，突然遭到一群匪徒的抢劫，差点儿就被劫走一车黄金。事后日本人经过调查，发现也是吴世宝干的。见吴世宝居然敢对主子动手，日本人实在忍无可忍，就毒杀了吴世宝。可这还不算完，日本人认为吴世宝的举动是受李士群的幕后指挥，最终决定除掉这个不怎么听话的走狗。

汪精卫

1939年3月19日夜，军统特工在越南河内错杀了汪精卫的秘书曾仲鸣，刺汪失败。本就在外逃途中的汪精卫恼羞成怒，撰文公布了《国防最高会议记录》，公然泄露国家机密。之后，他由日本人护送回到上海，并接见了李士群和丁默邨，开始筹建76号特工总部。

中毒毙命

1943年初，丁默邨和日本间谍头子柴山兼四郎、汪伪政权的部长周佛海（周已暗中向戴笠输诚，李士群也是他的投名状）联起手来，准备对李士群下手。但李士群生性狡诈、疑心极重，平日里深居简出，饮食也非常小心，想干掉他并没有那么容易。日本华中宪兵司令部的情报科长冈村少佐几次安排手下对李士群进行暗杀，都没有成功。无奈之下，冈村决定亲自动手。

1943年9月6日晚，李士群接到冈村的电话，说在上海百老汇大厦的冈村家中为他设宴接风，丁默邨和周佛海的心腹、时任伪上海市保安处处长熊剑东作陪。李士群刚刚从几次暗杀中逃生，对日本人已经有所警惕，可他毕竟是日本人的走狗，不能公然反抗主子，思来想去只得决定赴宴。这次宴会表面上是个家庭宴会，只有丁默邨、熊剑东、李士群、冈村和李士群的好友、时任伪调查统计部的次长夏仲明等人参加。席间李士群相当谨慎，只是偶尔动一动别人刚刚夹过的菜，连茶水都不肯喝。冈村眼见李士群不肯上当，就使出了撒手锏——让他的夫人端上了最后一道菜，也就是一碟牛肉饼。冈村介绍说这是他老婆最拿手的菜肴，请李士群务必赏脸品尝。由于牛肉饼只有一碟，李士群推说自己已经吃饱了，就是不肯下筷。这时，冈村的老婆又用盘子托出三碟牛肉饼，冈村解释说日本人以单数为敬，席上有四人，所以分成一份和三份两次拿出来，以示对客人的尊重。李士群知道日本人送礼讲单数的习俗，经过冈村这么一解释，疑心就消退了几分。这时熊剑东也跟着冈村忽悠李士群，他夹起面前的牛肉饼就吃，一边吃还一边称赞美味，问李士群如果不吃，可不可以让给自己？冈村也装作非常生气的样子，说李士群瞧不起他，不给他面子。李士群看到其他三人把面前的牛肉饼都吃了，冈村又不像在演戏，也就放下了戒心，吃完了牛肉饼就告辞回家了。

李士群没想到的是，他回家的第二天就突然发病，开始上吐下泻，还发起了高烧。李士群的老婆叶吉卿大惊失色，赶忙找来医生诊治。这些医生看了以后，认为李士群可能是得了霍乱，可所有对霍乱有效的药物李士群都服用了，但病情却没有任何缓解，反而更加严重。到了第三天，李士群已经无法坐起来，只能躺着呕吐，体重急剧下降，样子极为吓人。其实，不怪医生们束手无策，李士群是中了日本人下的毒。在李士群的牛肉饼中，有日本731部队利用活人试验研究出来的阿米巴菌。这种病菌是用霍乱病菌在老鼠身上培育出来的，普通人只要感染这种细菌，它就能在人体内高速繁殖，最后导致感染者上吐下泻，高烧不止，症状如同霍乱一样。到了这个时候，除了日本人的特效解药以外，再也没有别的办法了。

1943年9月9日下午，李士群病死在家中，死状极为恐怖，这也许就是他作恶多端、卖国求荣的报应吧。李士群死后，他的妻子叶吉卿大肆制造舆论，说是日本人害死了李士群。心狠手辣的日本宪兵闯入其家中，将叶吉卿和他的朋友储麟荪抓了起来，说是他们两人通奸害死了李士群。吓破了胆的叶吉卿这才放弃了哭闹，不敢再追究此事。抗战胜利后，叶吉卿因为作恶不深，被上海高等法院判处了5年徒刑。1949年，叶吉卿被国民党政府释放，后旅居香港。

川岛芳子

冷血艳谍

1948年3月25日，北平第一监狱中，一个身穿旗袍的女人被押赴刑场。这个已到中年的女人面目浮肿，双眼无神，步履踉跄，在女看守的搀扶下才勉强走到行刑处。行刑官让她跪下，然后问她："你还有什么说的没有"？那个女人眼露凶光，大喊道："天不助我，天不助我啊！"随后，执行官点了点头，一名宪兵抬起枪口，对准她的头部开了一枪。枪决结束后，监狱方面允许记者进来拍照，顿时有几十名中外记者一拥而入，争相报道这个女人被枪决的消息。其实被处决的这个女人在抗日战争中确实是个臭名远扬的人物，她直接策划了很多震惊中外的事件，她的名字叫作川岛芳子。

悲剧的开始

川岛芳子本名金碧辉，又名爱新觉罗·显玗，1906年5月24日出生于北京肃亲王府。川岛芳子是清王朝最后一任肃亲王善耆的第十四个孩子，这也是众多电影中称川岛芳子为十四格格的原因。和硕肃亲王是清朝八大铁帽子王之一，是清政府最高统治集团的一员，一向以豪富著称。当时北京城流行一句话：恭王府的房子，豫王府的墙，肃王府的银子用斗量。

可金碧辉出生后不久，清政府就垮台了，她的父亲善耆是死硬的保皇派，念念不忘复辟清王朝。辛亥革命后不久，善耆一家在北京住不下去了，就在日本特务川岛浪速等人的帮助下，将全家带到了日本人控制下的旅顺。这时的善耆仍然忘不掉他的大清国，他决定把金碧辉送给日本特务川岛浪速做养女，到日本学得本事为清王朝的复辟出力。1912年，年仅六岁的金碧辉跟随养父前往日本，开始接受军国主义教育。当时川岛浪速给她取了个日本名字，这就是后人耳熟能详的川岛芳子。在日本期间，川岛芳子就读于日本丰岛师范附属小学，性格蛮横的她从不听老师的话，经常和男同学吵架，甚至动手打架。小学毕业后，川岛芳子进入松本高等女子学校就读，学习成绩还算优秀，可是中学校长对川岛芳子极为头疼！她不但经常骑马去上学，旷课更是常有的事情。而与此同时，川岛芳子从养父川岛浪速那里接受了政治、军事、情报等多方面的特务训练，并且经常参加养父组织的政治集会，认识了日本军界、政界一大批的人物。

变身特务

就在川岛芳子接受教育的时候，他的两个父亲也没有闲着。1916年，由于日本大隈重信内阁实行反袁世凯的政策，在日本参谋本部、关东都督府等机关的支持下，川岛浪速和肃亲王善耆勾结蒙古贵族巴布扎布，试图推动所谓的“满蒙独立”。他们集合了一支由土匪组成的军队，准备攻打沈阳，乃至占领整个东北。然而由于日本对华政策的改变以及张作霖所部奉军的打击，这次闹剧式的独立活动很快失败，巴布扎布死于非命，川岛浪速逃回日本，连气带病的善耆则在六年后一命呜呼。

父亲死于非命，寄人篱下的川岛芳子同样过得很痛苦，这时的她已经是情窦初开的年龄，她爱上了一个日本军官——少尉山家亨。然而因为各种原因，她最终和山家亨分手了，这对川岛芳子是一个致命的打击。至于分手的原因，一种说法是肃亲王生前给她定下一门亲事，不允许她自由恋爱；另一种说法就是川岛芳子少女时期，曾经被养父川岛浪速强暴，她把这件事告诉了山家亨，后者表示无法接受，两人由此分手。不论什么原因，当时的川岛芳子极为痛苦，她曾经为此自杀过，但侥幸没有死掉。此后，她索性剪短头发，女扮男装，宣布不再做女人。1927年，21岁的川岛芳子在川岛浪速的安排下与蒙古族的甘珠尔扎布结婚，甘珠尔扎布是前面提到过的巴布扎布的第九子，也是日本人全力扶植的傀儡势力。川岛芳子结婚以后对丈夫极为不满，她认为甘珠尔扎布懦弱无能，只会喝酒和玩女人，根本配不上自己。川岛芳子此时则今非昔比，她利用养父的关系和自己的姿色，已经在关东军中混出了“名声”，成了炙手可热的交际花。日本人决定赋予川岛芳子更重要的任务，让她为日本军方窃取中国方面的情报。

作恶多端

1928年，22岁的川岛芳子抛弃丈夫，前往上海加入了日本情报组织。当时她的直属上级就是日本在上海的情报头子田中隆吉少佐，两人很快住到一起，成了情人关系。在田中隆吉的教导下，川岛芳子学会了英语，掌握了驾驶技术和各种情报知识，以至于田中隆吉都称她是一个天生的间谍。1931年，“九一八事变”爆发后，日军占领了东北三省。在此期间，川岛芳子帮了日本人“大忙”， 她到处游说原清军出身的东北军将领倒戈，比如吉林省代理省长熙洽等人就是在她的拉拢下投敌，所以日军占领吉林几乎没遇到成规模的抵抗。眼见川岛芳子如此卖力，关东军特务头子板垣征四郎对她非常欣赏，授予她上尉军衔。

1932年12月，担任“安国军司令”的川岛芳子（左）一身戎装打扮，旁边为伪满洲国政府中的日本军官。

有了主子的“赏识”，川岛芳子愈发心高气傲，她再也不愿意和窝囊的丈夫一起生活，宣布同甘珠尔扎布离婚。随后，川岛芳子正式和田中隆吉同居。

占领东三省后，为了维持在东北的正常统治，日本决定迅速扶植一个傀儡政权，他们盯上了隐居在天津张园别墅中的末代皇帝溥仪！日本人将说服溥仪的任务交给川岛芳子，后者随即以肃亲王府十四格格的身份面见了溥仪。当时溥仪对冒险前往东北非常犹豫，正处于激烈的思想斗争之中。川岛芳子对溥仪软磨硬泡，威逼利诱，甚至还派出特务伪装国民党政府的特工进行刺杀活动。最终，溥仪决定化装逃往东北。稍后，川岛芳子又带着皇后婉容从海路赶到东北。就这样，在川岛芳子的卖力参与下，伪满洲国在1932年正式成立。可以说，这个伪满洲国对日本人掠夺东北地区的资源起到了极大的作用，不但为侵略者提供了无法计数的粮食、煤炭和劳工，还拉起了一支40万人的伪满洲国军替日本人卖命。1932年年底，日本又在上海挑起了“一·二八事变”。而挑起这场事变的又是川岛芳子，她收买了一批流氓无赖化装成上海工人，在大街上“殴打”两名日本和尚。随后，几十名早有准备的“日本侨民”疯狂袭击无辜上海市民，打死打伤数十人，在上海制造出了足够的紧张气氛，日本军队这才趁机发动了进攻。这一事变后，川岛芳子名声大噪，一度成为众多报纸关注的人物，日本报纸称其为所谓的“男装丽人”“东方魔女”，川岛芳子因此而志得意满，希望继续发挥自己的“天赋”，为伪满洲国进军关内做准备。

痴心妄想

1933年，日军大举进攻热河。在此之前，川岛芳子和日本人产生了一定的矛盾，原因很简单，日本人不让溥仪使用清朝的国名和年号，只让他以伪满洲国的名义登基。川岛芳子对此极为不满，认为日本人只是把溥仪当作傀儡，她开始培养自己的武装力量。在日军高官多田骏的支持下，川岛芳子得到了一支马匪武装，她将其改编为所谓的安国军，说起来是一支军队，其实就是一股乌合之众。可川岛芳子并不这样想，她煞有介事地定做了一身军服，高价购买了一把日军指挥刀，甚至连军服肩膀上的将星都用黄金打造，仿佛她已经是可以定国安邦的名将。可后来的事情证明，川岛芳子的安国军就是一个大笑话，他们在战场上被中国军队打得落花流水，在战场下抢夺偷盗，奸淫烧杀，无恶不作，连他们的主子日本人都看不上他们，称其为穿着军装的土匪。日军攻占热河后，立刻下令取消了安国军的编制。然而川岛芳子并不死心，仍然一心捞取权力。当时马占山、苏炳文两支武装在东北地区坚持抗日，日军多次围剿全部失败。川岛芳子为了从日本人手中获得兵权，就提议由她亲自乘飞机伞降在游击队活动的地区，以高官厚禄为诱饵，诱降苏炳文。最终，这个冒险计划没有被批准，不过川岛芳子却得到了关东军参谋长小矶国昭的赞赏，后者认为川岛芳子极有“胆识”。

后来经过长时间的战斗，马占山的部队被日军打散，被迫绕道苏联前往天津，继续联络有志之士为抗日大业出力。当时出任中国驻屯军司令的多田骏将马占山视为眼中钉、肉中刺，命令川岛芳子立即刺杀马占山。川岛芳子扮成舞女，设法接近马占山。但在她部署刺杀之前，被马占山的警卫发觉，马占山立即撤离了天津，川岛芳子的计划没有成功。刺杀马占山失败以后，川岛芳子又受命勾结东北军前骑兵师长郭希鹏、汉奸张权本等人制造暴乱事件，同时暗中策动冯玉祥手下的“倒戈将军”石友三等人叛国投敌，秘密组织了所谓的“华北自治委员会”。可以说，这个阶段川岛芳子就像一条疯狗一样为日本人服务。可惜日本人却没有再给她任何兵权。川岛芳子也看出日本人是在利用她，开始对日本人心怀怨恨。

汉奸的下场

眼见自己无法掌权，川岛芳子在公开场合怨言不断，还利用自己的权力释放了一些对日本人不满的铁杆保皇派。其实日本人一直在监视川岛芳子，现在发现她有脱离控制的趋势，就将她押往日本。此后，川岛芳子在日本度过了两年半囚禁生活，直到1936年才回到中国。当时她的老相好田中隆吉正在察哈尔扶持德王，准备一举占领绥远，建立伪政权。川岛芳子和田中隆吉合作，准备使用伪军进攻绥远。可这次田中隆吉和川岛芳子都高估了伪军的实力，在随后的绥远战役中，伪军数万之众被傅作义将军指挥的晋绥军全歼。这次失败后，日本人认为川岛芳子的利用价值不大，开始对她冷处理，将她派回东北负责保护溥仪。在此后的数年中，川岛芳子再也没有得到日本人的重用。

1945年，美国在日本的广岛和长崎投下了两颗原子弹，嚣张一时的日本军阀们再也顽抗不下去了，只好宣布投降。无路可逃的川岛芳子则从东北逃往北平，企图蒙混过关。1945年10月，川岛芳子在北平东四九条胡同34号宅院被军统特工逮捕，并以汉奸罪名提起了公诉。据说被抓捕的时候川岛芳子还没有起床，身上只穿了一件浅蓝色睡衣。当她被戴上手铐那一刻，脸上露出了恐惧的神情。作

1948年3月25日，日本间谍川岛芳子在北平被枪决后，各国记者围住她的尸身拍照，这也是这个臭名昭著的“东方魔女”在世间最后的印迹。

为第一号女汉奸被捕后，川岛芳子随即被送往北平监狱，她得到的待遇还算不错，不仅被单独关押，伙食也比一般囚犯要好。1947年10月22日，川岛芳子被军事法庭以汉奸罪和叛国罪判处死刑。当时的川岛芳子已经没有以往的威风，她一再表示自己虽然是中国人，但早已加入日本国籍，不是汉奸，因此提出上诉。当时著名的汉奸李香兰已经由她的父母作证，证明李香兰虽然出生在东北，却是日本人，因此被国民党政府释放，驱逐出境。川岛芳子也想东施效颦，给自己找条生路。然而她无耻的养父川岛浪速早就对她没有任何感情，没有提供证明其日籍身份的书面材料，还揭发了川岛芳子是肃亲王的后代，幼年才为自己所收养。法庭由此认定川岛芳子不是日本人，维持了原判。1948年3月25日，一群宪兵来到川岛芳子的牢房，向她宣布当日执行死刑的命令。

于是，就出现本文开始的一幕。由于步枪的威力极大，川岛芳子的头部被打穿，血流满面。而就是因为血污遮住了脸孔，在照片上无法看清楚川岛芳子的本来面目，所以后来有传闻说川岛芳子并没有死，死的是一个替身。其实仔细琢磨下，这种可能性微乎其微，川岛芳子在被处决前已经多次验明正身，被处决后又公开尸体让记者拍照。如果死的不是川岛芳子本人，又何必将尸体公开示众呢？而且当时日本人已经投降，川岛芳子的家族也落魄不堪，根本没有人再去管她的死活，谁又会冒着这么大的风险去救她呢？

第四章

民国奇案

宋教仁喋血火车站

民国第一血案

20世纪初，孙中山等革命党人为了心目中理想的社会做着巨大的努力。然而，那些反动势力却对他们进行着疯狂的镇压，先是垂死的清政府，后是梦想称帝的袁世凯，他们对革命党人制造了一场又一场惨绝人寰的血案。其中，以宋教仁被刺杀案最令人震惊。

血案发生

1913年3月20日，宋教仁在袁世凯的急电催促下，准备从上海前往北京。当晚10时左右，在第一届国会选举中获得大胜的宋教仁兴致很高地与前来送行的黄兴、廖仲恺等人握手告别，准备乘车回北京组织责任内阁。突然，传来一声枪响，接着又是两声，宋教仁突然倒了下去，用手捂住腰部，艰难地对他们说：“我中枪了。”现场一片混乱。宋教仁虽然很快被送到医院，但由于伤势太重，子弹又有毒，于22日凌晨逝世，年仅31岁。

这便是震惊中外的宋教仁被刺案，被人们称为“民国第一血案”。宋教仁是卓有声望的民国元勋，得到了很多人的尊重。据记载：23日中午12点，在沪宁铁路医院（宋教仁被刺后所在的医院）的门口就聚集着数以百计的人。下午3点，前来送殡的人已过3000人。他的被刺引起了全国的轰动，国人共愤，一致要求缉拿凶手，查明真相。孙中山也从日本匆匆回国，黄兴等人代表国民党总部致函上海总巡捕房：悬赏一万银圆，缉拿真凶。

重赏之下必有勇夫。3月23日下午，一个叫王阿发的人走进了巡捕房，并说有线索提供。当时的总巡捕卜罗斯一看案情有进展，十分兴奋，赶紧招呼书记官记录。据王阿发说，他是从事古董生意的，在交往中认识了时任“中华民国”共进会会长和江苏省驻沪巡查长应桂馨。王阿发为寻得一个靠山，便经常把好的古董送往应桂馨那里。长此以往，二人便熟识了。案发前10天左右，王阿发带着新得的一件古董去找应桂馨，应桂馨自是喜出望外。就在王阿发起身告辞时，应桂馨把他叫住，说：“阿发，我平时待你怎样？”王

上海闸北公园的宋教仁塑像和墓地

阿发急忙说："您对我很好，没有您的关照，哪有我的今天啊？"应桂馨笑了笑说："我现在有件事想请你帮忙，不知你愿意不愿意。"王阿发忙说："凡用得着小人的地方一定尽力，但不知是何事？"应桂馨取出一张照片递给他说："这个人是我的死对头，你把他杀了。枪由我来想办法，事成之后，给你一千大洋酬金。"王阿发一听吓了一跳，忙说："我生性胆小，实在没有胆量杀人，再说我也不会用枪，弄不好会误了您的大事。"应桂馨脸色沉了下来，但很快就大笑几声说："和你开个玩笑，真是饭桶……"事情就这样过去了，王阿发也没放在心上。然而，在宋教仁被刺以后，王阿发无意中翻阅报纸时，看到了悬赏缉拿刺客的布告。当他看到了上面的宋教仁的照片时，不仅大吃一惊，原来，照片上的人正是那天应桂馨让他杀的人。一万大洋的赏银实在是太有诱惑力了，于是，他来不及多想，便匆匆来到了总巡捕房。

追捕凶手

根据王阿发提供的线索，卜罗斯马上展开部署，抓捕嫌疑犯应桂馨。当晚10点左右，卜罗斯带人直奔应桂馨的住宅，但是，据门房说，应桂馨去了青和坊妓院，不在家中。卜罗斯半信半疑，为防万一，他决定兵分两路，一路监视应宅，一路去青和坊妓院抓人。还沉浸在温柔乡中的应桂馨没明白过来怎么回事，就被巡捕房的人带走了。

应桂馨落网之后，巡捕房的人便奉命搜查他的住宅。

在搜查的过程中，一个浓眉大眼、身材矮小的男人引起了巡捕房的注意，因为据火车站的目击者说，向宋教仁开枪的正是一个这样相貌的人。巡捕房当即把他逮捕。经证人指正，此人正是枪杀宋教仁的凶手。这人一看事情瞒不住了，只得交代了他受雇于应桂馨杀害宋教仁的经过。原来，此人名叫武士英，山西人，原本是来上海出售古董的，后来与应桂馨相识。应桂馨以1000元的赏金为酬劳，让他杀死宋教仁，他禁不住金钱的诱惑便答应了下来，并于3月20日在火车站枪杀了宋教仁。两名凶手都已落网，按理说本案也该结束了，但是在搜查应桂馨的住宅时发现的一些信件和密电却揭露了一个惊天的内幕。

幕后黑手

巡捕房在搜查应桂馨的住宅时不仅抓获了凶手武士英，还在应桂馨的房间里还发现了一些重要的信件和密电。这些往来的电文大多是应桂馨发给国务总理赵秉钧、内务部秘书洪述祖的，这两人都是袁世凯的嫡系心腹，所以国民党中的领导人物（孙中山、黄兴）认为宋教仁之死是袁世凯一手策划的，其目的是为了扫除其专制统治的最大障碍、称帝路上最大的绊脚石。但是袁世凯及其党羽坚决否认，反而称是国民党内部争权夺利，宋教仁之死是其内部倾轧的结果（宋教仁与国民党高层人物陈其美不睦），这两种说法一直在后世的史学界存在争议。

第一种说法，也就是袁世凯是刺宋黑手，历史学家是这样解读的：早在1912年袁世凯于北京就任临时大总统后，宋教仁被任命为农林总长。由于不满袁世凯的独裁专制，宋教仁于当年的7月愤然辞职。辞职后的宋教仁，为了限制袁世凯的权利，主张由国会中的多数党组阁，实行责任内阁制。当年8月，宋教仁在同盟会的基础上，联合统一共和党、国民共进会、共和实进会等党派组成了国民党，在国会中逐渐占据了优势。在1912年年底的国会大选中，国民党大获全胜，作为国民党代理理事长的宋教仁自然成为责任内阁的组阁人。这时的宋教仁为了实现民主宪政的理想，推翻袁世凯的独裁专制，便亲临各省发表讲演，宣传责任内阁的主张，所到之处掌声不断。

宋教仁的所作所为严重地危及袁世凯的独裁统治，于是，袁世凯试图收买宋教仁，他曾给宋教仁5万元的支票，宋教仁欣然接受了袁世凯的支票，但是却把这些钱全部用在了宣传工作中，更加扩大了国民党的影响。因此，袁世凯收买不成，产生杀心是很有可能的，而应桂馨与国务总理赵秉钧往来的密电就是最好的证明。

第二种说法，陈其美等国民党内部势力刺杀了宋教仁。历史学家是这样解读的：首先，此时的宋教仁在国民党内部推行“毁党造党”运动，希望把松散无力的国民党打造成具备近代化资产阶级政党特征的新组织，因此和一批“革命”和“暗杀”起家的老同盟会员产生了分歧和矛盾，其中就以陈其美等人最为不满；其次，上海地区并不是袁世凯及北洋政府的势力范围，相反，担任过沪军都督，还是青帮大字辈人物的陈其美在上海却是一呼百应的人物，流氓出身的应桂馨和陈其美更是过从甚密。而在暗杀发生之后的缉凶及审判过程中，陈其美及其部下都曾牵扯其中，如果要进行暗箱操作，是有一定条件的；最后，包括梁启超在内的一干人士、报纸都曾在书信、报刊中“爆料”，暗指刺杀宋教仁的真凶就是陈其美。

然而由于缺乏准确翔实的史料和证据，宋教仁遇刺一案的真相一直没有一个明确的、无争议的结论，但古语云“多行不义必自毙”，有刺杀宋教仁嫌疑的几人都没有落得好下场，大多死于非命。其中直接凶手武士英被捕后，于4月24日晚上离奇地暴死于被羁押的看守所中，其身体特征有明显的中毒迹象。1913年7月25日，应桂馨买通了典狱长，和他的手下里应外合，越狱后逃往青岛。孙中山领导的“二次革命”失败后，据传应桂馨向袁世凯索取“勋二等”和现大洋50万元，结果在离开北京的火车上被人杀死。国务总理赵秉钧于1914年2月26日，离奇死于家中，有传闻是被袁世凯派人毒死于家中，以便将刺宋案的秘密彻底埋葬。洪述祖逃到青岛，隐姓埋名躲进了德租界。袁世凯死后，他悄悄潜回上海租界，结果被租界当局将其引渡，由京师地方检察厅提起公诉，被京师地方审判庭判处无期徒刑。1919年4月5日，又被大理院判处绞刑。嫌疑颇深的陈其美则是成名于暗杀，也亡命于暗杀，1916年5月18日，他被袁世凯收买的张宗昌派人暗杀于上海法租界萨坡赛路日本侨民山田纯三郎的寓所之内。

临城劫车案

人质大危机

1923年5月6日凌晨两点半，津浦路北的一列火车经过离山东省临城县（今山东枣庄市薛城区）境内大约三千米的沙沟山时，司机突然发现前面铁路上似乎站着一大群黑影，司机赶忙紧急刹车，但前面的火车头、邮车、三等客车仍然一齐冲出被挖断的铁轨，当场倾覆，死伤数十人。就在这列火车上乘客惊魂未定的时候，道路两旁突然冲出了上千名衣着褴褛的土匪。他们将列车上的财物搜刮一净，并且绑架走了中国旅客70多人，还当场打死数人。在民国时期敢于拦截火车抢劫的土匪虽然不多，也并不是完全没有，至于绑架70多名中国旅客在腐败的政府眼中也算不了什么大案。可是，这伙土匪还将列车上的19名外国旅客全部绑走，这就引起了轩然大波，这就是民国历史上著名的临城劫车案。

鲁南匪患

山东南部自清末以来就匪患猖獗，是民国四大匪患地区之一，当时山东全省土匪总数在10万人以上，鲁南地区就占了一半还多。此次临城劫车案的始作俑者，就是一群盘踞鲁南的土匪，他们的头目叫作孙美瑶。孙美瑶本来是大户人家的子弟，由于家道中落，生活艰难，就和哥哥孙美珠两人占据抱犊崮山区为匪。抱犊崮东靠苍山，北临费县，海拔580米，四周都是悬崖绝壁，只有崮西南方向有裂隙一条，经过人工挖掘可以上山。此外，山顶有土地14亩，土质肥沃，可以种植粮食。当时，地形险峻的抱犊崮是土匪的乐园，以至当地有这么一个顺口溜："此处不留爷，自有留爷处。处处不留爷，爷上抱犊崮。"

孙美瑶兄弟召集一批70多人的土匪，拿着几十条枪上山，修建了山寨。就在孙美瑶匪帮发展壮大的时候，盘踞山东的军阀张勋和张敬尧先后在军阀混战中失败，他们麾下的一些正规军士兵也上山为匪。有了这些人助阵，孙美瑶匪帮力量大增，成为山东地区数一数二的土匪武装。孙氏兄弟自封为山东建国自治军，由孙美珠任五路联军总司令。随着山东匪患越闹越凶，全国舆论为此大肆抨击北洋政府。1918年，皖系军阀头目段祺瑞命令山东督军张树元立即围剿鲁南土匪。可这帮军阀没想到的是，当地的军队早就和土匪达成了默契，官兵每次进山都是放一阵空枪，孙美瑶他们则留下大量金银珠宝后撤退。官兵们上前收下金银珠宝后，再丢下一些武器弹药作为回报。随后，心满意足的官兵宣布剿匪已经获得"全面胜利"，土匪已被"击溃"，然后官兵全部撤走。这样一来，孙美瑶手下的土匪们不但毫发无伤，还得到了大量武器，实力没有削弱反而有所增强。至于损失的金银珠宝，反正可以再抢回来，自然不放在心上。

孤注一掷

1920年，军阀田中玉出任山东督军后，再次派官兵进山围剿。但他手下的官兵还不如之前的那些！这些兵痞在进山之前，先在当地大肆敲诈老百姓，摊派了一大堆剿匪费用，包括枪弹费、炮弹费、军粮费、开拔费、追剿费、草鞋费、雨具费等十几种。一些士兵还以查匪为名，闯入老百姓家公开抢劫，一旦遇到抵抗就说这家人通匪，一顿痛打后还要抓人。结果土匪没有剿灭，把老百姓害得够呛。1921年，直系军阀控制的北洋政府再次命令田中玉务必在短时间内剿灭鲁南土匪，否则革职查办。当时田中玉的靠山段祺瑞刚刚垮台，田中玉正在拼命地巴结直系这个新主子，自然对命令不敢怠慢，派出大军将抱犊崮全面封锁。这次封锁长达18个月，期间还成功击毙了孙美珠，孙美瑶部的土匪队伍也从7000多人锐减到3000多人，山上断粮断水，眼见就要覆灭了。

在这种情况下，孙美瑶感觉横竖是死，还不如下山搏一搏。他和几个匪首一番商量，决定干一票惊天动地的“生意”。最初，他们准备下山包围一个集镇，然后用全镇百姓作为人质，和田中玉谈条件。但一个匪首说，大镇子里一般都有民团和官兵驻守，粮弹两缺的他们未必打得下来，而小镇子里人口不多，又都是穷苦百姓，抓住了人质田中玉也不会买账。这时一个土匪提议可以打劫从鲁南经过的火车，以火车上的大人物作为要挟，然后再和官兵谈判。这个建议得到了匪首们的一致同意。他们决定拦截一列火车，除了抢劫物资以外，还要抓一大批人质上山，以勒索北洋政府，让其停止围剿。不久，孙美瑶率领1000多名土匪从小路偷偷下山，然后挖开了津浦铁路长达数百米的钢轨，再埋伏于铁路两侧，准备伏击经过的列车。可孙美瑶没有想到的是，被他们伏击的这列火车并不一般。这列由江苏南京浦口开往天津的特快列车上有200多名中国乘客，另外还有39名外国乘客，其中包括参加山东黄河宫家坝大堤落成典礼的大量中外记者，比如《密勒士评论报》主笔鲍威尔等。此外，车上还有一些大人物，比如小洛克菲勒（美国石油大王老洛克菲勒的儿子）的妻妹露希·奥尔德里奇，美国陆军军官艾伦少校和平格少校等。

1917年到1919年，美国记者沃尔特乘坐轿子从山东泰山到曲阜进行采访。

乱局初现

其实北洋政府考虑到列车要经过匪患严重的鲁南地区，因此也有所安排，不仅调来了当时中国唯一的全钢火车给外国记者们乘坐，还在火车上布置了20多名带枪的乘警。这种火车可以有效防御步枪的射击，再加上数十名全副武装的乘警，一般的土匪根本不敢下手。可北洋政府做梦也没想到，孙美瑶这伙土匪居然这么亡命，还一下子出动了1000多人。

孙美瑶手下的土匪拦住火车以后，乘客们乱作一团，大多数人将希望寄托在配备着枪支的乘警身上。然而，20多名警察们一见数不清的土匪发动了冲锋，马上就一哄而散，表现得比土匪业余多了。当时在土匪抢劫乘客的过程中，已经出现了乘客的伤亡，除了中国乘客被杀以外，一名英国乘客在头等厢企图拔刀抵抗，被匪徒当场打死。眼见土匪杀人不眨眼，其他外国乘客也就不敢抵抗了，一些人还交出了随身携带的武器。由于事发时正值夜间，火车上的中国乘客逃走了一部分，但还有70多人被抓，而39名外国乘客除了一人被杀外，有10多人逃走，土匪最终只抓住了19人。在抓完人质以后，土匪对列车大肆抢劫，他们不仅拿走了乘客所有钱物、日用品、粮食，甚至将货车上窗帘、坐垫都全部拿走。其中外国人的行李被抢劫得最厉害，英国人的雨衣被当作大衣穿在身上，法国人的马靴被当作皮鞋穿在脚上，连美国妇女的胸罩都被土匪当作围巾围在了脖子上。土匪们抢劫完了以后，将近百多名中外人质全部押往抱犊崮。在押送这队人质上山的时候，附近驻军的一个营两百多人赶来追击。孙美瑶立即命令把所有外国人驱赶到队伍的最后面，让他们挥舞白色手帕示意。官兵见有洋人做人质，再也不敢开枪，于是孙美瑶他们顺利地回到了山寨。

谈判闹剧

回山之后，孙美瑶匪帮释放了四名外国女性人质，让她们带口信给北洋政府，要求进行谈判。临城火车被劫的消息传到北京，世界舆论大哗，此次被绑架的人质包括英国、美国、法国、意大利、比利时五个国家的公民，全部是帝国主义的列强。5月8日，这五个国家的大使先后赶到北洋政府外交部，咆哮着要求北洋政府立即想办法解救人质，并且提交最严正的抗议。此次事件中，尽管没有日本人被绑架，但日本政府还是在旁边幸灾乐祸，嘲笑如果不是列强在“一战”后强迫日本把山东还给中国，就不会出现这样的状况。而北洋政府也被这个突发事件搞得焦头烂额，不知如何应对。5月9日，五国大使再一次来到外交部，限北洋政府于三日内将全体被俘外侨救出，不然各国就自己派兵剿匪。同时，列强下令将根据《辛丑条约》驻扎在天津到北平一线的部队立即向北平集中，准备南下山东。北洋政府赶紧宣布停止一切政务，集中全力营救外国人质。

当时孙美瑶已经通过被释放的外国人质提出了自己

的条件：一是迅速将围山官兵撤出十里以外；二是将山上的土匪收编为一个步兵旅，任命孙美瑶为旅长；三是为土匪补充军火。鉴于事态紧急，北洋政府各大员从5月20日开始都迅速赶到枣庄，其中包括山东督军田中玉、山东省省长熊炳琦、交通总长吴毓麟、曹锟的特别代表杨以德、徐海镇守使陈调元、江苏交涉员温世珍等。同时，列强的外交人员也赶到了枣庄“督促”解决人质危机。一时间，小小的枣庄街头到处都是中央大员的卫兵、佣人和外国使节的汽车、行李，搞得当地老百姓眼花缭乱。这些情况都被孙美瑶留在枣庄的眼线传回了抱犊崮，这下孙美瑶也坐不住了，这个大马蜂窝该如何收拾啊？就在这时，北洋政府派人进山谈判，表示官兵可以暂时撤出山区，也可以收编孙美瑶的队伍，但不同意提供军火补充，以防止孙美瑶拿着这些武器反过来再和官兵作战。北洋政府的使者还表示，如果孙美瑶同意，就必须立即释放人质，如果怕一次性释放不保险，可以分成三批释放。孙美瑶这时也有些心虚，怕事情闹得太大无法收场，就同意了北洋政府的条件。可他又害怕政府反悔，要求外国使节和邹县、藤县、峄县三县的士绅一同签字担保北洋政府会履行条约。5月16日，山东督军田中玉下令军队解围撤退，并委任孙美瑶为招抚司令，派人持令上山，让其释放人质。

最终解决

眼看人质危机就要得以解决，没想到孙美瑶却突然反悔了！他开始漫天要价，提出北洋政府任命张敬尧为山东督军（孙美瑶匪帮有不少人是张敬尧的残部），将土匪改编为两个师，将藤县、邹县、峄县划为土匪的势力范围，政府军撤出百里以外，北洋政府抓获的苏、鲁、豫、皖四省土匪头目必须立即释放，六国列强必须提供担保，等等。山东督军田中玉差点儿没被当场气死，他心想孙美瑶你个土匪头子还要两个师的编制，还要让张敬尧回来当督军，这是想要我田中玉的老命啊，当即断然拒绝。北洋政府也觉得孙美瑶狮子大开口，不愿意接受这些条件。就这样，双方一直僵持到了五月底，列强们都失去了耐心，限令北洋政府立即解决，保证人质安全。这时孙美瑶坚持不住了，他派人表示愿意降低条件，只要北洋政府给予一个师一万人的编制，提前发放六个月的军饷，再任命张敬尧为山东督军，就释放全部人质。北洋政府认为这是孙美瑶已经服软的表现，只要再坚持一下，土匪们必然崩溃，就断然拒绝了孙美瑶第三次开价。

5月26日，田中玉由北京回到枣庄，命令军队加紧合围，并派飞机绕山投下传单。孙美瑶大为恐慌，普通土匪更是一片惶恐，孙美瑶只得再次派人下山送信，表示愿意妥协。于是又经过几轮谈判，孙美瑶在5月31日又释放3名外国人质。不久，徐海镇守使陈调元带领江苏交涉员温世珍，美国人安德臣，峄、滕两县士绅及上海总商会代表孙寿成等一行20余人上山谈判，孙美瑶由此认为北洋政府还是有诚意的，宣布立即释放全部人质。6月2日，孙美瑶随

陈调元（念稿者）

临城劫车案使徐海镇守使陈调元出了大名，后来还出任过山东省主席。

同陈调元下山，其部土匪也全部放下武器投诚。其实当时土匪总共只有3000多人，有枪的不到1200人，也就够编成一个步兵团的。这批土匪无论男女老幼，北洋政府一律予以赦免，有不愿被整编的，准其缴械遣散，个人财物准其携带回家。同时，北洋政府还支付了孙美瑶8万大洋，作为其释放人质的赎金。6月12日，最后一批外国人质被释放，一场轰动世界的劫车绑票案总算了结了。

不过此案的“主角”孙美瑶没得到什么好下场。他接受招安当上了正规军的旅长，骄气十足，不可一世，没想到直系军阀根本没想放过他，早就准备除掉他这个惹祸根苗。当年12月19日，兖州镇守使张培荣在中兴煤矿公司摆下了鸿门宴，邀请孙美瑶赴宴。孙美瑶刚一到达，就被解除了武装，紧接着就被押往刑场执行枪决。枪决以后，张培荣还下令将孙美瑶的脑袋砍了下来，悬首示众。

徐树铮诱杀上将陆建章

天津血案

20世纪初，整个中国都处在一片混乱之中，军阀割据，战争不断。各军阀为了自己势力的扩张，更是钩心斗角。为了除去自己的对手，他们用尽各种手段，暗杀便是一种常见的方式。因为在那个时代，暗杀只是一种方式，杀手只是一个工具，而目的只有一个，那就是利益。徐树铮就采取了暗杀手段对付政敌，然而，他最终也没有逃过被杀的命运。

积怨已深

徐树铮，字又铮，生于1880年11月11日，安徽萧县人。徐树铮曾想投靠袁世凯，但未被接纳。后来，他无意中结识了皖系军阀头目段祺瑞，并受到段祺瑞的赏识，逐渐成为段祺瑞帐下的亲信人物。1905年，段祺瑞保送他去日本军官学校步兵科学习。27岁的徐树铮回国后，便充当了段祺瑞的幕僚，曾先后任陆军部军学处处长、军马司司长、陆军部次长等职务。由于才干出众，他深得段祺瑞的信任。段祺瑞的重大决策行动，大多出于徐树铮的策划，段祺瑞的一切公文批阅也都由徐树铮主持。也正是由于受到段祺瑞的重用，徐树铮专横跋扈，目中无人。据说，他每日进总统府盖印时总是一言不发。一次，他进总统府盖章，黎元洪问其缘由，徐树铮竟然回答："总统但在后页盖章，何必管前面是何事。"这足见其专横的程度。

徐树铮就是这样的一个人，他倚仗着段祺瑞的势力做出了许多让人震惊的事情。其中，有一件事情曾轰动一时，那就是他暗杀北洋老臣陆建章。陆建章，字朗斋，安徽人。他也并非一般人物，早年毕业于北洋武备学堂，后来投靠袁世凯，又任练兵处军学司副使、北洋军第四镇第七协统领、山东曹州镇总兵等要职。民国初年，他又任袁世凯总统府警卫军参谋官、右路备补军统领，后改警卫军统领兼北京军政执法处处长。陆建章在任期间，利用手中的权力，大肆屠杀革命党人、进步人士及广大群众，被称为"陆屠夫"。1914年，时任陕西都督的陆建章拥护袁世凯称帝，这直接影响到了段祺瑞的利益，段祺瑞与徐树铮竭力反对袁世凯称帝，并暗中促使陕南镇守使陈树藩将陆建章驱逐出陕西。后来，有人告诉陆建章，陈树藩的叛变实为段祺瑞所为，陆建章从此对段祺瑞恨之入骨。后来，陆建章被冯国璋任命为总统府高等顾问，从此便奔走南北，务求倒段。

在镇压张勋复辟的事件上，段祺瑞和陆建章的主张也是格格不入的。段祺瑞和徐树铮是彻底的主战派，而身为总统府高等顾问的陆建章则为冯国璋出谋划策，搞"和平统一"，鼓动曹锟、李纯等军阀发表和平通电。这使得段祺瑞的“武力统一”政策受到严重挫折。1917年冬，段祺瑞派遣陆建章的侄女婿冯玉祥率领军队支援福建，而冯玉祥的军队开至浦口便停止前进。不久，段祺瑞又派冯玉祥支援湖南，但是，冯玉祥同样在中途停止前进。1928年2月，冯玉祥还公开发表主和通电。这一切都是陆建章背后策划的。就这样，陆建章和段祺瑞、徐树铮之间的矛盾日益加深。

然而，段祺瑞和陆建章之间的矛盾虽然不可调和，可是直接找到徐树铮并要求他杀死陆建章的却是另外一个人，他就是安徽督军倪嗣冲。倪嗣冲本来是拥护张勋复辟的，可张勋复辟的丑剧受到国人的反对，很快便失败了。走投无路的倪嗣冲便投奔了段祺瑞，并得以复任安徽省督军。有了靠山，倪嗣冲便把张勋原来的军队

1916年，时任国务总理兼陆军总长的段祺瑞

徐树铮是段祺瑞的心腹手下，极得段祺瑞的信任，时人称其为段祺瑞的“小扇子”。实际上徐树铮的权势不止于此，有人说：“徐先生说的话，总理必听；而总理说的话，徐先生则是可听可不听。”也正因为恃宠而骄，狂傲无物，所以徐树铮树敌颇多，最终也给自己招来了杀身之祸。

全部吞并了，一时间军力大增，更加飞扬跋扈，无所不为。倪嗣冲的嚣张气焰引起了陆建章的不满。于是，陆建章组建“安徽讨倪军”，自己任总司令。从此，倪嗣冲便对陆建章怀恨在心，决意要除掉陆建章，于是，倪嗣冲找到徐树铮表明心意。徐树铮早已对陆建章十分不满，欣然答应。这样，一个暗杀计划便开始秘密酝酿。

屠夫被屠

1918年6月，各省军事长官准备在天津召开军事会议，讨论继续对南方作战及总统选举的问题。倪嗣冲、徐树铮等人都来到了天津。当时的代理总统冯国璋为了保住自己的利益，暗中授意陆建章来天津，目的是说服曹锟加入直系，打击段祺瑞的势力。此时的倪嗣冲、徐树铮等人早已决心除去陆建章，欠缺的只是一个好的时机，这次会议的召开正好给他们提供了一个绝佳机会。

6月14日，徐树铮打电话邀请陆建章到自己所在的司令部，说是有要事相商。陆建章虽然有些疑虑，但是，他想到自己毕竟是北洋一脉，徐树铮不敢明目张胆地对自己下手，于是便答应了。陆建章来到司令部之后，徐树铮对他十分地殷勤，一会儿倒茶，一会儿递烟，但是始终不谈正事。陆建章见状有些按捺不住了，便问道：“不知徐先生把我找来，所为何事啊？”徐树铮说：“早闻先生大名，一直想与您叙一叙，只是苦于没有机会。今先生北上，来到天津，便冒昧请先生过来一叙，顺便谈谈国家大事。”陆建章说：“你太客气了，不知要谈何事？”徐树铮并没有急于回答，他看了看外面，说：“先生，今天天气很好，我们何不去后花园走走，边走边说。”陆建章点头同意。于是，陆建章和徐树铮走到了后花园，徐的身边还带了两名卫士。陆建章的兴致很高，边走边说，忽然，他感到徐树铮被自己落下了一段距离。就在他回头要找徐树铮时，徐树铮的那两名卫士已经把枪口指向了他。只听“砰砰”两声，陆建章便倒在了血泊之中。就这样，昔日杀人如麻的“陆屠夫”，毫无戒备地被杀于后花园。

报应不爽

听说徐树铮杀死陆建章之后，段祺瑞大惊失色，他知道直系不会善罢甘休，希望徐树铮早做打算。但是，徐树铮却毫不惧怕，从天津打电话通知院秘书长起草命令，称陆建章勾结土匪，煽动造反，已被擒获枪决。但他低估了陆建章的内侄女婿冯玉祥。陆建章非常欣赏冯玉祥的才华，不但视其为心腹，还把自己的侄女嫁给了冯玉祥。冯玉

民国时期的北洋军官

祥滦州起义失败被捕后，也是在陆建章的帮助下才幸免于难的。听到陆建章的死讯后，为自己的老长官和恩人报仇的想法第一时间涌上了冯玉祥的心头，他立誓要除去徐树铮，为陆建章报仇。然而以冯玉祥目前的力量是无法与徐树铮抗衡的，于是他不动声色地等待机会的到来。

1925年，段祺瑞临时执政，与冯玉祥的矛盾也进一步激化。作为段祺瑞的心腹，徐树铮积极奔走，想拥立段祺瑞为总统，竭力鼓吹奉、直、皖三系联合起来，奉段祺瑞为唯一的领袖。徐树铮同时还积极联合孙传芳等军阀来打击冯玉祥，巩固段祺瑞的政权。12月初，身在天津的徐树铮准备去北京见段祺瑞，为打击冯玉祥制造声势。在京期间，徐树铮大肆鼓吹自己的奉、直、皖三系联合的主张，希望借此削弱冯玉祥的气势。新仇旧恨让冯玉祥对徐树铮已经忍无可忍，因此，冯玉祥决定立即除去徐树铮。12月29日，徐树铮在京事毕，准备回天津。段祺瑞恐怕途中有变，便派专列送他回天津。冯玉祥得知徐树铮返津的时间之后，立即秘密部署，派人在廊坊车站埋伏。12月30日凌晨，徐树铮乘坐的专列徐徐地停在了廊坊车站，而此时车站早已里外戒严。睡意蒙胧的徐树铮还没明白是怎么回事，便被带出了列车，在车站外被就地枪决。

东陵盗宝案

最猖獗的盗墓

1927年7月，河北省遵化市西北部马兰峪发生了震惊中外的东陵盗宝案。军阀孙殿英的部队用了七天七夜的时间，将乾隆皇帝的裕陵和慈禧太后的定东陵中所有宝藏盗窃一空。围绕这个东陵盗宝案，出现了无数历史的迷雾。比如孙殿英为什么冒着天下之大不韪盗窃清朝皇陵？他们到底盗窃了多少宝物？这些宝物的去向如何？孙殿英为什么没有受到惩罚？

大盗出现

清东陵是清代的五大皇陵之一，这五处皇陵中有三处在辽宁省，两处在河北省。东陵位于河北省遵化市的马兰峪，北倚昌瑞山，南靠金星山，东邻倒仰山，西傍黄花山，是风水上所谓的“龙穴”。东陵的规模很大，它南北长约125千米，东西宽约20千米，占地面积约2500平方千米。这里有顺治帝的孝陵、康熙帝的景陵、乾隆帝的裕陵、咸丰帝的定陵、同治帝的惠陵五座帝陵，还有孝庄文皇后的昭西陵、孝惠章皇后的孝东陵、孝贞显皇后的普祥峪定东陵、孝钦显皇后（即慈禧太后）的普陀峪定东陵等皇后陵，此处还葬有136位妃嫔、3位阿哥、2位公主，共161人。除了陵墓以外，清东陵规模宏大的很多建筑群，包括十里神道、石牌坊、大红门、具服殿、神功圣德碑、龙凤门、五音桥、小碑亭、隆恩殿、明楼、月牙城和地宫等建筑。清王朝覆灭后，根据民国北洋政府和清王朝的协定，清朝陵墓全部由满族卫兵驻守。随着天下大乱，盗贼横行，满族卫兵的地位一落千丈，很多守陵人开始和匪盗勾结，大肆出卖陵墓地面以上部分的物品，比如各庙宇所有装潢的铜钉、铜字，甚至连东陵的陵树都遭到了盗卖，一批有着上百年树龄的仪树和海树被盗伐一空，昔日群松蔽日、苍翠郁郁的青山已变成秃山了。到了孙殿英1927年盗墓之前，清东陵地面上的所有珍宝基本被盗窃一空。好在清东陵地宫在设计时就考虑盗墓问题，它有着完善的防御能力，普通土匪强盗没有能力挖开地宫。所以在孙殿英盗墓之前，清东陵地宫大体保存完整，殉葬的珍宝也大都埋在地下。

民国时期将贪婪的目光盯在清东陵上的势力众多，包括北洋军阀、地方军阀、外国盗墓者和中国本土的盗墓集团、土匪强盗等。这些势力有的顾忌国内外舆论的压力，有的因为实力不够，都未能将魔爪伸到陵墓之上。可没想到，一个人的出现改变了这一切，这个人就是孙殿英。孙殿英于1889年出生于河南省永城市马牧乡孙庄村，因为儿童时期出过天花，脸上有几个麻点，而得到外号“孙大麻子”。孙殿英出身贫寒，父亲早年被清朝官吏害死，家中由此一贫如洗。孙殿英被迫闯荡江湖，广结流氓恶棍、军警胥吏，还加入封建会道门组织，成为恶势力的一个头目。1922年，他拉着一批反动会道门的手下投入豫西镇守使丁香玲的部下，此后他靠着三寸不烂之舌和敢于拼命一路高升。后来，他率领部下反出军队，占山为匪，成为河南知名的土匪头子。到了1928年，孙殿英又被蒋介石收编，被任命为第六军团第十二军的军长，他的部队就驻扎在清东陵的所在地河北遵化！

见财起意

孙殿英盗墓的原因其实很简单，就是为了钱。当时他的部队虽然号称一个军，实际上只有数千人马，一多半的士兵都没有枪械，更不要说稳定的军饷来源了。当时河北省并不富裕，孙殿英仅靠盘剥当地百姓，根本养活不起一支军队。一天，孙殿英的几个部下跑来汇报，说抓住几个土匪，还缴获了几样古董。孙殿英命令部下将古董送给他过目，没想到这一过目却发现了一条“财路”，原来这帮土匪曾经盗窃过一座妃嫔的陵墓，从中获得了不少的宝物，眼前的几件还是其中体积较小的。听了这几个土匪的汇报，孙殿英的眼睛都红了，一个小小的妃嫔陵墓都有这样的宝贝，那慈禧太后的陵墓中该是什么光景？一番思量过后，孙殿英下定决心要干一票大的，他派第八师师长谭温江以围剿土匪的名义包围了清东陵，赶走了守陵卫兵。为遮人耳目，孙殿英到处张贴布告，声称部队要搞军事演习，不允许老百姓随便出入清东陵，违者枪毙。在封锁了东陵周边以后，孙殿英就开始有计划的盗墓行动。

7月8日，孙殿英在军部召开紧急会议，宣布挖皇陵也是革命，是“继承”孙中山先生的遗志，为革命做出贡献的“正义”之举。至此，一场旷世罕见的盗宝事件拉开了序幕。因为孙殿英也知道挖皇陵是千夫所指的事情，而且还会被各种势力惦记，所以必须在三四天内完成。他将部队分成两股，一支部队奔向了慈禧定东陵，而另一支部队则奔向了乾隆裕陵。为什么不动其他陵墓，主要是孙殿英认为时间有限，必须选择油水最丰厚的两个目标下手。

盗墓东陵

盗墓是一个技术活，更需要一定的时间才能完成。孙殿英的士兵没有盗墓经验，根本找不到地宫的入口。连续找了两天，孙殿英的耐心已经耗尽，就派人严刑拷打守陵的卫兵，这才找到了地宫的入口。当时地宫入口处建有一道由多层花岗石构成的“金刚墙”，这道墙由桐油糯米石灰浆粘固，内部还用钢铁加固，是专门对付盗墓者的机关。孙殿英的部下用铁锹挖，用石头砸都毫无效果，最后用了十几箱炸药，才炸开了一个入口。孙殿英害怕部下侵吞珍宝，就和工兵一起到地宫里去。

孙殿英带着他的手下刚一进入墓室，那些被陵墓中的阴森气氛吓得发抖的士兵顿时变成了另一个样子。他们看到慈禧的主墓室中有一个由汉白玉石铺砌的石室，石室中央是一座汉白玉石台，在石台上面，停放着一具巨大的棺椁，这就是慈禧太后的梓宫。两侧的两座石墩上，则放着记录慈禧谥号的香宝、香册，整个墓室到处都陈列着宝物。孙部士兵们愣了一会儿，然后突然不约而同地冲上去抢夺珍宝，珍珠、玛瑙、宝石、玉器、金银器皿等宝物塞满了他们的口袋，有的珍宝太大无法搬运，他们就用刺刀撬，枪托砸，把他们的珠宝和金银抠下来带走。很快，慈禧的棺木成了众矢之的，一大群士兵扑上去打开了内棺，数百件珍宝出现在他们面前。在手电筒的照耀下，棺内珍宝现出五颜六色的霞光，这些盗墓贼再也无法控制贪欲，再次疯抢起来，连孙殿英枪毙的威胁他们都置之不理了。就这样，孙殿英带

孙殿英的上司徐源泉

徐源泉字克成，湖北黄陂人，毕业于江南将备学堂。1928年率部投降国民革命军，任陆军第四十八师师长。1927年，徐源泉被任命为国民党第6集团军总司令，1928年7月，他放任部属孙殿英盗挖清东陵，并接受“东陵大盗”孙殿英的贿赂，将部分受贿所得的清东陵财宝转移据为己有。

人在清东陵连续抢劫了五天五夜，为了寻找隐藏在身上宝物，甚至将慈禧遗体身上的衣服剥光。

那孙殿英一共抢走了多少宝物，这在今天已经无法计算，但清人笔记《爱月轩笔记》中对慈禧陪葬物品曾经有所记录：金丝绵褥制价为8.4万两白银；绣佛串珠薄褥制价2.2万两；翡翠荷叶估值85万两；陀罗经被铺珠820颗，估值16万两；后身串珠袍褂估价120万两； 身旁金佛每尊重8两，玉佛每尊重6两，翡翠佛每尊重6两，红宝石佛每尊重3两5钱，各27尊，共108尊，约值62万两；翡翠西瓜2枚，约值220万两；翡翠甜瓜4枚，约值60万两；玉藕约值100万两；红珊瑚树约值53万两；价值最高的是慈禧头上戴的那顶珠冠，上面一颗4两重的大珠系外国人进贡，价值 1000万两……折算下来，近慈禧陵墓中的陪葬品的总价值就超过8000万两白银，已经是一个天文数字了。

令人惊讶的是，尽管全中国的报纸都在谴责盗墓的行为，要求国民党政府予以严惩，可罪魁祸首的孙殿英事后却没有受到惩罚。这一方面是因为孙殿英通过贩卖清东陵的宝物获得大量钱款，所部也迅速扩大，成为一股军事力量，另一方面是孙殿英将三分之一的赃物用来打点国民党的高官要员，包括蒋介石、孔祥熙、何应钦、戴笠等人都从他手里得到了珍贵的文物，自然也就对惩办东陵盗墓案没有多大兴趣了。不过作为东陵盗墓案的主角，孙殿英也没有好下场，他在抗日战争中当了汉奸，解放战争中被人民军队俘虏，后因病死于北京功德林监狱战犯管理所。

施剑翘手刃孙传芳

弱女复仇记

“翘首望明月，拔剑问青天”，这是施剑翘一次举头望月的感慨，也是她名字中“剑翘”二字的由来。施剑翘，原名施谷兰，若不是心中满怀着杀父之仇，也许她的一生会宛如谷中幽兰一般，清雅淡泊，充满着女性的柔与美。但这一切，都被父亲的惨死碾碎。施剑翘拔剑相向的正是自己的杀父仇人孙传芳，曾叱咤一时的五省联军主帅。这一切成就了一个弱女子的传奇故事。

杀父之仇

1925年的秋天，安徽蚌埠车站门厅上骇人地悬挂了一个头颅，其状极为恐怖、血腥，头颅旁的白布上还用红笔写了“新任安徽督办施从滨之头”几个字。在阳光下，这几个字难以言说地刺眼，令围观的、路过的人毛骨悚然。这颗被曝晒了三天的头颅正是属于白布上所写之人施从滨的。施从滨，安徽桐城人，施剑翘的养父，不过他并不是新任安徽督办，这是孙传芳对施从滨的最后讥讽。

1925年的中国处于军阀混战时期，各系的军阀为了争夺地盘，扩大势力而大动干戈。自20年代初，中国军阀的两大派系直系和奉系便混战不断，先后爆发了三次直奉战争，双方各有输赢。孙传芳早年跟随吴佩孚，成为直系将领，而施从滨在外闯荡多年后当上了山东省军务帮办兼奉系第二军军长。1925年，孙传芳为了与奉系军阀争夺安徽，联络了反对奉系军阀张作霖的势力，在江苏展开大战。奉系将领张宗昌命令施从滨南下抵抗孙传芳。施从滨开始以年事已高为由回绝了张宗昌，但张宗昌一再坚持，并允诺只要拿下安徽，便任命其为安徽都督，施从滨这才答应南下。这也是孙传芳讥讽其为“新任安徽督办”的缘由。

施从滨率兵赶赴安徽，与孙传芳的部队展开激战。孙传芳从三面插入，对施从滨形成了三面包围之势。施从滨见胜利无望便下令部队撤退。他的部队里配有铁甲车，施从滨便和随从乘坐铁甲车撤退。不料孙传芳早有准备，他命人拆掉了铁轨，铁甲车没了轨道，无法前行，最终翻倒在地，施从滨等人便被俘虏。两军交战，不杀俘虏，这是军阀内战时的基本共识。施从滨从安徽固镇被抓到孙传芳的指挥部蚌埠车站时，孙传芳周围的人都这样劝孙传芳，让他饶施从滨一命。但孙传芳并没有如此宽宏大量，这个军阀头子早已杀人无数，竟标榜杀人是替天行道，信奉的便是“杀人手段救人心”。对于敢于跟自己作对的人，孙传芳想都不用想，便是一个字“杀”。不光是杀死敌人，他还要让别人知道敢于跟他作对的下场，于是他下令将施从滨斩首示众，还大加羞辱了一番。孙传芳也许没想到，这番举动，日后定会让他血债血还。

决心复仇

施剑翘在家中听说了养父惨遭杀害的消息，顿时悲痛欲绝。她自幼备受养父疼爱，与养父感情甚笃。养父若是死于两军交战，那只会是悲伤和不幸，但这样惨遭杀害和羞辱，施剑翘心里除了悲痛，只剩下仇恨，“被俘牺牲无公理，曝尸悬首灭人伦。痛亲谁识儿心苦，誓报父仇不顾身！”这是施剑翘当时写下的诗，手刃仇人便是她活着的最大动力！但一个20岁之前足不出户，手无缚鸡之力的女子如何才能报仇呢？尤其对方是拥有重兵之人，施剑翘想到了自己的兄长施中诚。施中诚原是施剑翘的大舅的儿子，但因自幼父母双亡，便过继给了施从滨，并被他抚养成人。此时，施中诚被张宗昌委命为团长，这也算是张宗昌对替自己卖命的施从滨的最后一点儿补偿。施剑翘心想，现在唯有当团长的兄长有能力帮自己报仇了，她便找到施中诚，说出了自己的请求。施中诚一口答应，但并没有履行自己的诺言。官运颇为亨通

的施中诚，后被任命为了烟台警备司令，此时的他对报仇之事绝口不提，更怕施剑翘会连累到自己，便劝施剑翘放弃报仇的想法。施剑翘明白，现在的施中诚已是贪图富贵，无心报仇，就写了封信给施中诚，断绝兄妹关系。

现在不能指望自己的兄长了，施剑翘又把希望寄托在了自己的丈夫施国宪身上。施国宪原是施从滨的手下，当年与施从滨一起被俘，但因官职不大，被释放回来。此后他在山西军阀阎锡山手下任了中校参谋一职，并与施剑翘相识。施国宪被施剑翘深深吸引，便向施翘剑求婚。而施翘剑的唯一条件，便是婚后能替父亲报仇。施国宪当下便赌咒发誓，将来一有机会便替妻子报仇，即使赴汤蹈火、粉身碎骨也在所不惜。施剑翘甚为感动，便答应了施国宪的求婚。

但是婚后的施国宪实在令人失望，对于施剑翘多次报仇的请求，他只是说不急，等他有了权势再说。但施国宪慢慢从中校做到了大校，却依然对报仇之事绝口不提。施剑翘也渐渐失望，带着孩子离开了施国宪，从太原回到了天津。施剑翘此时明白，报仇不能靠别人，只能靠自己，她再也不会对任何人抱有幻想了。回到天津的施剑翘，偶然听说自己的仇人孙传芳因为兵败下野，一直居住在天津租界内。施剑翘不禁仰天一叹，自己多年来的执着果然没有白费，现在，她和自己的仇人便在同一城市里。天津不是一个小城，在偌大一个城市里找到一个人又谈何容易，况且施剑翘并未见过孙传芳，连自己的仇人长什么样都不知道，又怎么报仇呢？施剑翘便跑遍天津城，希望能找到一些关于孙传芳的线索，裹过小脚的施剑翘行动不便，为了能行动自如，她甚至去医院做了脚趾拉伸手术。功夫不负有心人，一日，施剑翘在街边摊上看见有人将名人照片贴在镜子上，仔细一找，果然有孙传芳的，便买了下来，日日端详，牢记仇人模样。一天晚上，施剑翘走至大光明电影院的门口，此时正是电影散场的时间。施剑翘注意到了停在电影院门口的一辆黑色轿车，这辆轿车施剑翘看见孙传芳乘坐过，车牌号正是1093。这时从电影院走出了熙熙攘攘的人群，其中一人戴着墨镜，一副桀骜的模样。施剑翘确认此人不是别人，正是她日思夜想的仇人孙传芳。仇人近在咫尺，施剑翘第一反应便是拔出手枪将其打死，但此时人群密集，动手肯定会伤及无辜。施剑翘还在犹豫中，孙传芳已坐进车内，扬长而去。此后，施剑翘又多次跟踪孙传芳，都因其戒备森严而无从下手。

血溅佛堂

转眼已是1935年的秋天，父亲已经逝世10周年了。但是施剑翘却仍未能替父亲报仇，这让她内心焦灼无比。

1935年农历九月十七，这日是施从滨去世10周年的祭日，施剑翘到庙内祭祀父亲。一想到父亲到现在仍死不瞑目，孙传芳仍逍遥于世，施剑翘内心悲痛不已，当下不禁痛哭起来。庙内一个和尚见这位女施主如此悲痛，便上前劝慰。和尚道：“女施主既是如此悲伤，不若脱离尘世苦海，皈依我佛。”施剑翘啜泣道：“这位小师父，如今我还有深仇大恨未报，如何能脱离尘世。”和尚叹道：“不然，只要女施主肯放下尘世恩怨，佛门永远为施主敞开。你看，如今靳云鹏、孙传芳等人不也都皈依我佛了。”说者无心，听者有意，施剑翘听见“孙传芳”三字便立即停止哭泣，仔细询问和尚关于孙传芳的事。

原来此时的孙传芳已经摇身一变，由杀人如麻的五省联军大帅变成了天津居士林的居士，准备放下屠刀，立地成佛了。“九一八”事变之后，孙传芳下野回天津居住，但日本人对这些旧军阀想要极力拉拢。而在另一方面，国民政府的特务机关又对这些旧军阀严密监控，谨防这些人

1927年，直系军阀孙传芳的“五省联军”士兵在使用毛瑟军用手枪进行射击训练。

被日本人利用。在这种两难的境地下，孙传芳听从了曾任北洋政府总理的靳云鹏的建议，皈依佛门，担任了居士林的副林长，并公开声明不再过问政治之事。孙传芳皈依佛门后，法号智圆。施剑翘还打听到，这位智圆法师每周三、六都必到居士林听经。施剑翘便化名“董惠”，混进了居士林，以此观察孙传芳每次前来听经所坐的位置和能射击到他的角度。

1935年11月13日，为了报仇隐忍了10年的施剑翘终于要手刃仇人了。这一天，秋风萧瑟，天空还下起了雨，一直到中午都没有停。这么糟糕的天气，孙传芳也许不会去了，施剑翘的心情又低落到了极点。到了下午，施剑翘还是决定到居士林看看，希望能看到孙传芳。孙传芳果然没有去，他一贯坐的位置上空空的，堂内听经的人也不是很多。施剑翘在堂内逗留了一会儿，又要等下次机会了。正想着，施剑翘看见有人在给孙传芳常坐的椅子擦灰，她立刻意识到孙传芳马上要来了！

原来这日清晨醒来，孙传芳便觉精神不爽，孙夫人便劝其不要去听经了，但孙传芳觉得自己作为居士林的副林长，诵经之日理当前往，便勉力而去。施翘剑意识到孙传芳要来了，赶紧拦了一辆车赶回寓所。原来施剑翘认为孙传芳不会前来，便把手枪放在了家中。施剑翘回到家中，穿上先前准备好的大衣。这件大衣是施剑翘特地为刺杀准备的，大衣内的口袋是掩藏手枪的绝好之处。

下午三点半，一袭青色大衣的施剑翘又一次回到了居士林，谁也不知道她从容的眼神后面暗藏的杀机。孙传芳也身着青色僧袍，像往常一样迈着标准的军人步伐走进了会堂，在自己的位置上坐下了。施剑翘坐在靠后的位置，孙传芳坐在前排，后面不是射击绝佳位置，且容易伤及无辜。施剑翘便故意喊道：“后面的炉子怎么烤得人这么热啊！”此时，一位居士便搭话道：“你不会到前排去吗？”虽然口气里带着些不满，但施剑翘正求之不得，赶忙上前挪到了孙传芳右后方的位置。

施剑翘稳定了下自己的情绪，内心默默地说：父亲，孩儿今天就要为您报仇了！施剑翘从大衣口袋内掏出了一把勃朗宁手枪，而此时众居士们都闭目诵经，谁也没有注意到她的举动。她迅速打开保险，朝着孙传芳后脑勺便是一枪，孙传芳立刻扑倒在地，施剑翘又连补了两枪。孙传芳脑浆迸裂，鲜血流了一地。佛堂内突然响起了枪声，众居士睁开眼睛便看见孙传芳倒在血泊中，又不知发生了何事，现场顿时混乱不堪。施剑翘站起身大声喊道：“我叫施剑翘，今日为父报仇，绝不伤及无辜！”接着便向人群散发早已准备好的传单，一份《告国人书》和一张施从滨的照片。传单上写着：“一、今天施剑翘打死孙传芳，是为先父施从滨报仇；二、详细情形请看我的《告国人书》；三、大仇已报，我即向法院自首；四、血溅佛堂，惊骇各位，谨以至诚向居士林及各位先生表示歉意。”施剑翘镇定地给家中打了个电话后，便向警察局走去。

重获自由

此事轰动了整个天津，天津多家报社也都争相报道。这起刺杀案交由天津地方法院审理，施翘剑向法官叙述了自己报仇的经历，法院认为如此缜密的刺杀不可能是一人行为，决心要审出幕后黑手。但施剑翘坚称是自己一人所为，因复仇之事谋划十年之久才会如此缜密，何况自幼跟随父亲，懂得如何装枪射击，此事绝不牵涉第二人。同时，孙家人则在四处活动，希望施剑翘被判重刑，好出这口恶气。

但社会舆论站在了施剑翘这一边，孙传芳毕竟是个恶贯满盈的军阀头子，虽然横死佛堂，也没赢得社会的普遍同情。社会各界特别是妇女界，强烈呼吁国民政府赦免施剑翘。法院一审判决施剑翘有期徒刑10年，施剑翘不服，上诉至天津高等法院，二审改判7年。施剑翘服刑一年后，1936年10月20日，国民政府在舆论的压力下，特赦了施剑翘。在这其中，冯玉祥也出了大力。冯玉祥早年曾跟施剑翘的生父施从云参加过反清运动，得知施剑翘之事后，便四处奔走，联合了30多位党政要员，呈请国民政府特赦施剑翘。施剑翘最终重获自由，积极投奔到爱国事业中。特别是在抗日战争中，她募集到的款项能购置三架飞机，新中国成立后她曾担任苏州妇女联合会的副主席。

汪伪市长离奇毙命

菜刀喋血记

并非所有的杀手都是以杀人为职业的，当一个从未杀过人的人突然拿起刀时，那是最危险的，因为没人对他存有戒心。当一个从未杀过人的人被选择作为杀手时，往往是因为其具有更好的条件，他可以无限度地接近要暗杀的对象。民国时期的朱升源就是这样的一个人，他没有杀过人，却被选为杀手；他不是一个职业杀手，但是他做出了或许职业杀手都做不到的事：他用一把菜刀就杀死了躲过无数次暗杀的大汉奸傅筱庵。

卖国求荣

傅筱庵是浙江镇海人，北伐战争前，他已是上海滩集官僚、买办、金融巨头于一身的显赫人物。但是，他是一个不知满足、为了达到目的不惜付出任何代价的野心家。北伐军占领上海以后，傅筱庵遭到了通缉，他便向日本人求援，在日本人的保护下逃往大连。他在大连的几年，一直等待时机以求东山再起。“七七事变”后，日军占领了上海，想在上海实行他们一贯的“以华制华”政策，因此，一直寻觅合适的人选，以更好地为自己服务。也就在这时，傅筱庵走入了日本人的视野。1938年10月16日，傅筱庵正式出任伪上海市的特别市长，成为了日本人的走狗。

利欲熏心的傅筱庵上台后的第一件事就是撤掉上海市所有的青天白日旗，换上维新政府的五色旗，并且以日本人为后台大肆镇压中国人民的反抗，一时之间，民愤难平，国民党政府也下达了对他的处决令。

柳暗花明

傅筱庵投日之后，蒋介石决心要除去他，就命令戴笠安排一切。于是，戴笠发电报给军统上海特区区长陈恭澍，要不惜一切代价除掉傅筱庵。陈恭澍接到电报后，马上做了积极的安排。然而，傅筱庵深知自己现在是众矢之的，因此格外地小心，深居简出，他住的地方布满了警卫部队，昼夜站岗，任何陌生人都不得接近。每次外出，他都是乘坐防弹汽车，并且前

傅筱庵（1872~1940），名宗耀，字筱庵，浙江镇海人，曾任伪上海特别市市长等职。

后四辆警卫车，二十几名保镖全副武装陪侍左右，因此很难下手。虽然陈恭澍曾两次派人伺机刺杀傅筱庵，但是都没有成功。

这两次刺杀虽说没有成功，却也惊出傅筱庵几身冷汗，这使得他行事更加小心，也使得刺杀行动更加困难了。陈恭澍等人明白，要想除去傅筱庵，还得想一个万全之策，不能再贸然行事，以免打草惊蛇。考虑再三之后，他们决定从傅筱庵身边的人下手，只有可以接近他的人才会使刺杀更加有把握。军统的目光很快就锁定了一个人，他就是傅筱庵的厨子朱升源。朱升源为人憨厚刚直，从小父母双亡，后来被傅筱庵收留，因感激傅筱庵的恩情，二十多年来一直对傅忠心耿耿。傅筱庵对他也十分信任，很多重要的事情都交给他做。然而，最近朱升源却和傅筱庵闹得很不愉快。原来，朱升源在被傅筱庵收留之前曾在一家日本工厂干过，那一段日子让他受尽了折磨，生性刚直的他看到同胞们受苦亦是十分心痛。因此，朱升源对日本人有着一种仇恨。在傅筱庵出任上海伪市长之前，朱升源就曾几次劝说傅筱庵不要当汉奸。然而，一意孤行的傅筱庵根本听不进去。傅筱庵当上上海伪市长之后，朱升源也曾几次劝说傅筱庵不要再当了，但是都被傅筱庵拒绝。因此，朱升源一直闷闷不乐。殊不知，他们主仆的矛盾却给军统的人创造了一个千载难逢的机会。

这一天，朱升源走到傅筱庵的书房，试图再次劝阻傅筱庵。由于最近的刺杀事件让傅筱庵十分头痛，还没等朱升源说几句，傅筱庵就一顿臭骂，把朱升源骂了出去，怒火中烧的朱升源一个人跑到酒馆喝闷酒。所谓无巧不成书，这家酒店的老板正是军统的眼线。朱升源一进酒馆，老板就认出了他，便主动上来搭讪，并装出一副一见如故的样子，主动请朱升源喝酒，二人聊得十分投机。酒过三巡，老板想探探傅筱庵的情况，便问朱升源在哪里高就。此刻的朱升源已是半醉，便说自己是傅筱庵的仆人，酒店老板连忙装作惊讶，连声说“失敬失敬”，并说朱兄可是贵人啊，在傅市长府上工作很让人羡慕啊。然而，这几句话却打开了朱升源的话匣子，他把酒杯一摔，便将自己劝说傅筱庵反而被骂的事情告诉了这个酒店老板。

言者无心，听者有意，老板听到这些心中暗喜，本想打探傅筱庵的情况，却有意外的收获。老板愈加殷勤，并在朱升源走时约定改天再聚。送走朱升源后，酒店老板马上把这一情况上报给陈恭澍等人。得知这个消息后，陈恭澍等人十分惊喜，认为这是个机会。如果能把朱升源拉拢过来，刺杀必定能够成功。然而，陈恭澍等人也考虑到，朱升源和傅筱庵毕竟有二十几年的主仆之情，要拉朱升源下水，必须得想个权宜之计。

深夜锄奸

陈恭澍等人一方面命令酒店老板继续与朱升源交往，一方面积极筹划策反朱升源的计谋。就这样，时间一点点过去，而时机也正一点点成熟。这天，朱升源又来到酒馆，此时他已经和酒店老板是无话不说的朋友。这次，老板照样是殷勤招待，酒酣之时，老板说："我知道朱兄虽已年过四旬，却还没有老婆，我有一个表妹至今还未嫁人，我和朱兄情投意合，想撮合你们，你看怎样？"说着，便叫进一个亭亭玉立的女人来。四十多岁的朱升源至今未近女色，见到这么漂亮的一个女人，自是神魂颠倒，连声说"好"。此后，朱升源来酒馆的次数更加频繁。

1940年10月的一天，朱升源再次来到酒馆，他刚进门，老板便说有人想要见他，并带他走进了后堂。后面坐着的人正是陈恭澍。陈恭澍见到朱升源之后，直言道："我是军统上海特区区长陈恭澍，有事想请朱先生帮忙。"朱升源先是一惊，后来镇定下来问道："什么事？"陈恭澍说："我知道朱先生是个爱国之人，看不惯傅筱庵的恶行，所以我想请朱先生帮我们军统除掉他。"朱升源大吃一惊，不知怎么应答。陈恭澍又说："我知道你和傅筱庵有二十几年的主仆之情，你很难下手，但是你要考虑一下，如果你一直待在他的身边，你也逃不了卖国贼的骂名。如果你能帮我们除去他，不仅会留得一个美名，我们军统还会担保你的安全，并以5万大洋为报酬，送你和你那位未来的老婆远走高飞。你好好考虑一下。"经过激烈的思想斗争，朱升源咬咬牙说："我干。"

1940年10月10日，是汪伪国民政府正式开张后的第一个双十节，日伪占领区的南京、上海等地的大大小小汉奸着实闹腾了一番。狂欢过后，68岁的傅筱庵于凌晨三点从法租界返回自己的官邸。回来后，朱升源先伺候他睡下，随后等所有的人都睡着了，便悄悄地拿了把菜刀走上了楼。隔着门一听，里面的傅筱庵鼾声如雷，朱升源便拿出事先配好的钥匙，轻轻打开了傅筱庵的房门。朱升源悄悄走到了床边，拿出了菜刀。考虑再三以后，他终于举起了菜刀，向傅筱庵的头狠狠地砍去……就这样，卖国贼被当场砍死。

朱升源杀了傅筱庵之后，连忙回到自己的房间换下那身血衣。他并没有急着逃走，他知道半夜出去必然惹人怀疑。等到天快亮的时候，他拎着一只菜篮，骑自行车走出了傅府的大门。由于这是他的日常工作，因此没人怀疑。当第二天有人发现傅的尸体时，朱升源早已逃之夭夭了。

1940年，汪伪政府在南京成立，大小汉奸们在一起合影，前排中央位置的是汪精卫，他右手边是大汉奸陈公博。

悦读时光部分书目

- FBI教你10秒钟打动人心
- FBI教你10秒钟读懂面部微表情
- 别让抱怨毁了你
- 放下，刹那花开
- 哈佛家训
- 活，该幸福
- 九型人格心灵密码
- 每天读一点快乐心理学
- 秘密：破译成功密码
- 你的礼仪价值百万
- 人性的弱点
- 说话办事的艺术
- 习惯的力量
- 细节决定成败
- 羊皮卷：世界上最伟大的励志经典
- 一分钟口才训练
- 再苦也要笑一笑
- 正能量
- 做最好的自己
- 一分钟有效沟通
- 成功是道选择题
- 富人的秘密
- 你若盛开，清风自来
- 超级自控力：管好自己就成功
- 最受网友追捧的经典侦探故事
- 笑死人不偿命的冷笑话
- 别怕，我是社交心理学
- 痛，才是青春
- 不抱怨的人生
- 一分钟聊出好前程
- 活法：为人处世智慧书
- 挑战逻辑极限的经典推理故事
- 幽默先疯吧
- 爱，是一种执着
- 低调做人，高调做事
- 不生气的智慧
- 正能量：做内心强大的自己
- 淡定的女人最幸福：卡耐基写给女人的幸福箴言
- 别笑，我是色彩心理学
- 从你的全世界路过：让你受益一生的100个哲理故事
- 你的人生，不必如此辛苦
- 一分钟聊出好人缘
- 谁都不敢骗你：FBI教你一分钟识破谎言
- 笑对人生
- 福尔摩斯经典侦探故事集
- 拥有就是幸福
- 20岁跟对人，30岁做对事
- 史上最离奇的经典悬疑故事
- 这样做女人最好命
- 男人的心事你别猜：聪明女人一定要懂的男人心理学